Zu unserem Vergnügen hat die Mahnung des alten Attinghausen (Wilhelm Tell, 2. Aufzug, 1. Szene) nicht nur den
österreichfreundlichen Rudenz, sondern auch den waschechten
Österreicher Weigel veranlaßt, sich mit diesem einzigartigen
Volk der Schweizer zu beschäftigen. Der Anfang dieser Be-
schäftigung war unfreiwillig: von 1938 bis 1945 lebte Weigel als Emigrant in der Schweiz, und: »So konnte ich in und
um Basel zahlreiche Eindrücke, die Schweizerische Eidgenossenschaft betreffend, sammeln, welche ich durch fünfzehnjährige Lagerung für hinreichend geklärt und ausgegoren hielt,
um ausgeschenkt zu werden.« Das Ergebnis ist ein spritziges,
witziges und – um im Bilde zu bleiben – süffiges Konzentrat,
dem fundierte Untersuchungen über die Kantone, die Demokratie, die Sprache, den »Volkstribun« Duttweiler und die un-
erschöpfliche Schönheit der Landschaft Würze und Kraft geben.

Hans Weigel:
Lern dieses Volk der Hirten kennen
Versuch einer freundlichen Annäherung
an die Schweizerische Eidgenossenschaft

Illustriert von Alban Wyss

Deutscher
Taschenbuch
Verlag

Von Hans Weigel
ist im Deutschen Taschenbuch Verlag erschienen:
O du mein Österreich (488)

Im Text ungekürzte Ausgabe
1. Auflage Juni 1966
5. Auflage Oktober 1971: 56. bis 65. Tausend
Deutscher Taschenbuch Verlag GmbH & Co. KG,
München
© 1962 Artemis Verlag, Zürich
Umschlaggestaltung: Celestino Piatti
Gesamtherstellung: C. H. Beck'sche Buchdruckerei,
Nördlingen
Printed in Germany · ISBN 3-423-00363-4

Inhalt

Mir ist's wohl, daß ich ein Land kenne, wie die Schweiz ist.

Goethe

Dem Andenken der beiden Freunde meiner Schweizer Jahre

Gertrud Fulda
Wilhelm Jarosch

Prolog: Tells Geschoß und Tells Geschütz

Ob Wilhelm Tell gelebt hat, weiß man nicht. Aber daß er den Landvogt Geßler umgebracht hat, steht fest.

Er bediente sich hierbei eines Holunderstrauchs als Deckung und einer Armbrust als Waffe; dies wissen wir von Schiller, der uns auch die Worte des sterbenden Landvogts überliefert hat: »Das ist Tells Geschoß.«

Dieses Geschoß wird auf der Bühne notwendigerweise vernachlässigt, da die Fertigkeiten älterer Heldendarsteller im Armbrustschießen meist recht prekär sind. Tell trägt seine Pfeile zwar mit sich, doch pflegt weder zum Apfel auf des Knaben Haupt noch zur Landvogtbrust ein realer Pfeil zu schwirren; und es bleibt der Inszenierung überlassen, einen harmlosen mit einem pfeildurchbohrten Apfel unauffällig zu vertauschen, beziehungsweise den Darsteller des Geßler im rechten Augenblick an sein und damit an unser Herz greifen zu lassen.

Um so größer und allgemeiner ist das Interesse an der Waffe, die sich dem Bewußtsein der Nachwelt auch außerhalb der Bühnen unverlierbar und unverwechselbar einprägt. »Das ist Tells Geschütz!« ruft heute noch der Konsument helvetischer Nahrungsmittel, Genußmittel, Textilien und Chemikalien, die zum Erweis ihrer Herkunft mit einer Armbrust versehen sind. So wirkt ein Schuß bis in die Handelsbilanz späterer Jahrhunderte und dokumentiert damit einmal mehr die enge Verflechtung von Politik und Volkswirtschaft.

Ebenso wie Tell mittels der Armbrust den Ausländer traf, will auch die symbolische Armbrust von heute die ausländische Konkurrenz ins Herz treffen. Doch ist es eigentlich ungenau, den Landvogt Geßler als Ausländer zu bezeichnen; denn er wurde dies erst, indem er starb und damit den Schweizern ein Signal gab, sich als solche zu fühlen. Zur Vorbereitung hatten sie das Rütli aufgesucht, eine heute noch bestens erhaltene Wiese oberhalb des Vierwaldstättersees. Dies begibt sich an jedem Abend, an dem ›Wilhelm Tell‹ gespielt wird, wie es sich nachweisbar anfangs August 1291 tatsächlich begeben hat. Wilhelm Tell persönlich nimmt allerdings an diesem Rütlischwur nicht teil, und das mag daher kommen, daß er, wenn überhaupt, nicht damals gelebt hat.

Eine andere Unklarheit im Zusammenhang mit dem Rütlischwur besteht darin, daß seine Anfangszeile oft unrichtig zitiert wird: »Wir wollen sein ein einig Volk von Brüdern . . .«, obwohl die Formel kein ›einig‹, sondern ein ›einzig‹ Volk beschwört. Von dieser charakteristischen Fehlleistung und ihrem tieferen Sinn wird späterhin noch die Rede sein.

Friedrich Schiller hat die Schweiz nie gesehen, und das ist schade. Er hätte sie zumindest nach der Niederschrift seines Dramas besuchen sollen, um festzustellen, wie ganz und gar seine Darstellung mit der Wirklichkeit übereinstimmt, so sehr, daß man fast zu sagen versucht wäre, die Gegend rund um das Rütli richte sich genau nach Schillers Anweisungen. Nur die so genannte ›hohle Gasse‹ bei Küßnacht ist durchaus nicht hohl und bestenfalls eine Gasse. Doch hätte kein Kenner der Gegend etwa die Zeile von dem Tal, wo ›die Muota zwischen Wiesen rinnt‹, besser und stimmender zu formulieren vermocht.

Vielleicht ist Distanz zum Dargestellten die Voraussetzung einer das Wesentliche erfassenden Darstellung. Der Autor dieser Annäherung an das Phänomen namens Schweiz hofft von Herzen, daß diese seine Vermutung zutreffe. Denn er ist ebensowenig Schweizer oder Schweiz-Experte wie sein überlebensgroßer Kollege Schiller. Allerdings hat er sich vor und während der Herstellung seines Versuchs in der Eidgenossenschaft aufgehalten und war bei seinen kurzen Reisen, die er zum Zweck der Ergänzung und Vertiefung der Eindrücke unternahm, dem ewigen Dilemma aller Berichterstatter preisgegeben: Man müßte, um seinen Gegenstand gültig darzustellen, über ihn einerseits alles und andererseits doch nicht zuviel wissen. Man müßte für seine Betrachtung einen Standpunkt wählen, der gleichzeitig innen und außen ist. Geht man dem (und geht einem das) Objekt zu nahe, kommt man mit ins Bild. Ein literarisches Porträt der Schweiz aber betrachtet der Leser, um etwas über die Schweiz, nicht etwas über den Autor zu erfahren.

So kann und will dieser nicht sich selbst präsentieren, ebensowenig aber einzelne Gebäude, Kunstwerke, Menschen, Landschaften, Orte, sondern ihr Gemeinsames, das sie von ihren

Pendants außerhalb der helvetischen Landesgrenzen unterscheidet. Die Gegenstände, die in Wort und Bild wiedergegeben werden, sollen nicht nur sich, sondern auch einander ähnen.

Um die ideale Fern-Nähe des Versuchs zu fördern, ist dieses Buch von einem Zeichner, der die Schweiz etwas zu gut, und von einem Autor, der sie etwas zu wenig gut kennt, gemeinsam gestaltet worden. (Der Autor des Textes protestiert hiermit gegen alle Verunglimpfungen der Schweiz durch den Illustrator, von dem er sich ausdrücklich distanziert. Der Schöpfer der Illustrationen, ein Luzerner, protestiert seinerseits energisch gegen die Verunglimpfung Luzerns und gegen alle übertriebenen Lobpreisungen der übrigen einundzwanzig Kantone durch den Autor, von dem er sich nachdrücklichst distanziert.) Das Ergebnis könnte durchaus die erwähnte Armbrust als Herkunftsbezeichnung tragen, denn es besteht aus Schweizer Papier und Leinen, wurde in der Schweiz hergestellt* und von einem Schweizer illustriert. Die Mindestquote des Inländischen als Voraussetzung der Bezeichnung ›Schweizer Erzeugnis‹ ist durchaus erreicht. Viele Schweizer Waren sind ja nicht unbedingt in jeder Hinsicht dem Boden des Landes entsprungen. In der Schweiz gedeihen beispielsweise die Kakaobohnen nicht, und doch gibt es die weltumspannend erstrangige Schweizer Schokolade. Die Schweiz importiert Metalle, Südfrüchte, Chemikalien und Arbeitskräfte und versieht das innerhalb ihrer Grenzen aus Inländischem und Ausländischem in kompetenter schweizerischer Mischung erwachsene Produkt mit der stolzen Armbrust.

Irgendwo in der Mitte zwischen dem Ausländer Schiller, der da das authentische Schweizer Freiheitsdrama, und der ausländischen Kakaobohne, die die authentische Schweizer Schokolade gestaltet, möchte der Autor sich mit seinem Anteil an diesem Buch, von dem er wünscht, es möge ein einigermaßen authentisches Schweizer Buch werden, einreihen.

Er hat sieben Jahre seines Lebens in der Schweiz verbracht, dies aber vor mehr als eineinhalb Jahrzehnten; er wurde dort in jeder Hinsicht konstant an seine Eigenschaft als Fremder erinnert – von Wurzelschlagen war keine Rede. Und wenn er nun das Land neuerlich durchstreifte, wenn er das Bild seiner Erinnerung mit der Wirklichkeit konfrontierte, um die endgültige Fassung des Bildes zu gewinnen, war ihm alles Bekannte fremd und alles Fremde bekannt. Er wußte dies und das über seinen Gegenstand, aber er wußte nicht genau, was er alles wußte, ehe

* Diese Angaben beziehen sich auf die Leinen-Ausgabe des Artemis Verlages. (Anm. des dtv)

er es nun erfuhr. Er war in der beneidenswerten Lage, die den Schriftsteller vor allen anderen, die etwas nicht wissen, auszeichnet: er konnte über das Thema schreiben, um zu erfahren, was er darüber dachte. Er ließ sich von seinem Buch überraschen – und lädt in diesem Sinn seine Leser ein, an einer imaginären Reise teilzunehmen, die für sie wie für ihn halb Rundfahrt, halb Entdeckungsfahrt sein soll.

Seid einig, uneinig, einig!

Man kann auf mancherlei Weise in das Territorium der Schweiz eintreten: mit der Bahn, auf dem Schiff, im Flugzeug, im Wagen, zu Fuß oder mit der Straßenbahn. Man kann mit der Straßenbahn sogar eine Dreiländerfahrt antreten, die für einen Schweizerfranken von der Grenze der Bundesrepublik Deutschland über Schweizer Territorium an die Grenze von Frankreich führt.

Diese einmalige Gelegenheit wird von der Basler Straßenbahn geboten und war seinerzeit noch sensationeller, da die Straßenbahnlinie sich in beiden Richtungen über die Grenze hinaus erstreckte (heute sind auf bundesdeutscher Seite immerhin noch ausgediente Basler Straßenbahnwagen in Gebrauch). Sie ist aber immerhin auch heute noch sensationell genug, zumal da sie von den Baslern durchaus selbstverständlich und nicht als Sensation hingenommen wird.

Da wir unsere Annäherung an die Schweiz im Zeichen der Basler Dreiländerecke beginnen, haben wir uns bereits unmittelbar den Zorn aller Leser in Zürich zugezogen. Wir wollten ihn gewiß nicht provozieren, können ihm aber um so weniger ausweichen, als er ein wesentlicher Bestandteil des Bilds ist, das zu entwerfen dieses Buch unternimmt.

Die Stadt Basel liegt an beiden Ufern des Rheins an jener Stelle, die uns von den Landkarten her so geläufig ist. Hier macht er sein Knie und wendet sich nordwärts. Von hier an beginnt er, je nach der politischen Lage, entweder Deutschlands Grenze oder Deutschlands Strom zu sein. Bis hierher hatte er nach schweizerischen Anfängen Österreich und die Schweiz, beziehungsweise Deutschland und die Schweiz, je nach der politischen Lage, verbunden, beziehungsweise getrennt. Nun verbindet oder trennt er, eine entscheidende, geschichtsträchtige, weltpolitisch prominente Strecke lang, Deutschland (rechts) und das Elsaß (links).

Auf der großen Basler Rheinbrücke oder von der Pfalz des Basler Münsters kann man dem Rhein gleichsam zusehen, wie er sein Knie beugt; ein Fluß schickt sich an, Strom zu werden. Rechts umgreift er dabei die Vorberge des Schwarzwalds und trennt sie von den Vorbergen der Vogesen, die er links liegen läßt. Mit einem Blick umfaßt man hier sehr viel Geographie und noch mehr Geschichte. Aber die stolze Stadt Basel blickt nur gelegentlich und eher gleichgültig über ihre Grenzen. Sie ruht in sich, genügt sich selbst und gibt sich selbst Maß und Gewicht. Basler sein ist nicht so sehr eine Angelegenheit des Zivilstands oder der Herkunft, Basler sein ist eine Weltanschauung, die sich darin gefällt, die Welt außerhalb Basels nicht anzuschauen. Für den Basler liegt seine Stadt nicht so sehr in der Schweiz, in Europa, in der Welt – für ihn liegen die Schweiz, Europa und die Welt rund um Basel herum. Wenn wir also die Stadt Basel eine stolze Stadt nennen, dann ergänzen wir: Basel ist stolz auf Basel.

Dies mag mit Basels Lage zusammenhängen. Stets neigen ja die Außenposten an den Grenzen dazu, ihr Anderssein gegenüber dem, was ›drüben‹ ist, besonders deutlich zu erleben, um es sich an den anderen sehr gegenwärtig zu machen und allfällige nachbarliche Anfälligkeiten zu unterdrücken. In Basel ist nun die Selbstbehauptung gar zweifach, den badensischen Schwaben und den Elsässern gegenüber, zu leisten. Basel ruht, ferner, vielleicht auch darum so ganz speziell in sich, weil es ein Stadt-Staat, ein selbständiger Kanton ist, der nur die drei kleinen, halbländlichen Gemeinden, Kleinhüningen, Riehen und Bettingen jenseits des Rheins an der deutschen Grenze, diesseits aber ausschließlich Basler Stadtgebiet einschließt. Basel wird auf der Schweizer Seite von Basel-Land umschlossen (Kantonshauptort: Liestal) und hatte schon lange vor Deutschland sein Wiedervereinigungsproblem. Als Folge blutiger Auseinandersetzungen begab sich 1831 die Separation der beiden Basel, die selbständige Halbkantone wurden und noch 1833 in militärische Unternehmungen gegeneinander verwickelt waren. Die Gegensätze zwischen der konservativen Stadt und dem liberalen Land gehören längst der Geschichte an. Seit Dezennien fordert, plant, berät und fördert man die Zusammenlegung der beiden Hälften zu einem neuen Ganzen. Man kommt damit auch Schritt für Schritt vorwärts, doch läßt sich der endgültige Endpunkt der konvergierenden Bewegung noch nicht absehen.

So meinen wir also bis auf weiteres, wenn wir ›Basel‹ sagen,

nur die stolze Stadt am Rhein mit ihrem stolzen rheinisch röt-
lichen Münster, ihrer hochberühmten Universität, ihrer blühenden chemischen Industrie und ihrer tiefeingewurzelten Abneigung gegen Zürich. Basler reisen häufig nach Frankreich, nach
Deutschland, in die Innerschweiz, in die südliche Schweiz, aber
sie begeben sich nur widerwillig und möglichst selten nach.
Zürich. Paris ist von Basel rund siebeneinhalb Stunden nah.
Zürich ist von Basel rund eine Stunde weit entfernt. Basler
sind immer und überall bewußt und prononciert Basler, aber
nie und nirgends sind sie so baslerisch wie im Kontakt mit Zürich und seinen Bewohnern. Basler fühlen sich außerhalb Basels
in der Fremde, in Zürich aber im Exil.

Die Landschaft der Stadt Basel, vielfältig und reich in Hügel
und Täler gegliedert, umschließt mit pulsierenden Zentren
großstädtischer Regsamkeit Inseln der behäbig zeitlosen und
ruhsamen Stille. Wie überall in der Schweiz ist die Nacht eine
Oase der Ruhe, wird aber in dieser Eigenschaft auch von der
Stunde, die um zwölf Uhr dreißig schlägt, nahezu erreicht. Die
ganze Stadt ist zuhause, sitzt bei Tisch und hört die Mittags-
nachrichten. Die Straßen sind leer, wie ausgestorben. Wer wissen möchte, was es in der Welt und in der Schweiz Neues gibt,
steht an irgendeinem Punkt der Stadt und hört, wo immer er
stehen mag, durch etliche Fenster die Stimme des Nachrichten-
sprechers. Wer Auto fahren will, fährt nach zwölf Uhr zwanzig
los und kommt ebenso schnell vorwärts wie um zwei Uhr nachts.
Wie großstädtisch eine Schweizer Stadt immer sei und sein
möchte: am späten Abend und am hohen Mittag wird sie dörf-
lich still. Sie hat kein Nachtleben und kein Mittagsleben.

Das Basler Kunstmuseum war dem, was man ›moderne
Kunst‹ nennt, schon erstaunlich früh aufgeschlossen: als diese
Kunst noch verschrien und verfemt, also nicht modern war.
Die alten Meister sind hier in die Defensive gedrängt. Wer der
modernen Kunst nichts abgewinnen kann, betrachte die hier
reichlich zur Schau gestellten Ölgemälde von Arnold Böcklin;
dann wird er Paul Klee verstehen und schätzen lernen. Ähnlich
haben auch das Basler Kammerorchester und der Basler Kam-
merchor, 1926 von Paul Sacher begründet, neue Kunst und neue
Künstler in ihren Reifejahren großzügig gefördert und damit
den Gang der Musikgeschichte entscheidend beeinflußt.

Dennoch aber ist Basel durchaus konservativ, allem Extra-
vaganten abhold, gegen alles Modische skeptisch. Basels Selbstbewußtsein ist so stark gefestigt, Basels Stolz derart gesichert,

daß Basel sich Neuerungen und Versuche und sogar Experimente leisten kann, ohne sich in seinen eigenen Augen dem Verdacht auszusetzen, Parvenu zu sein, und ohne in den Geruch übermäßiger Fortschrittlichkeit zu geraten. Was aber der unerhebliche Rest der Welt außerhalb Basels von Basel hält, tangiert Basel nicht. Basel ist ein Zentrum an sich, Basel ist sich selbst Welt, also Großstadt, wenn auch vielleicht die kleinstädtischste aller Großstädte. Basel würde vermutlich die Frage, ob Basel eine Großstadt ist, als nicht zum Gegenstand gehörig ablehnen, denn sie setzt ja voraus, daß Basel sich an anderen Städten mißt. Und das wäre nicht baslerisch. Basel ist Basel, und Basel ist sein Prophet.

Basel, an zwei Grenzen gelegen, scheint sich auf den ersten Blick weder vom badischen noch vom elsässischen Nachbarland wesentlich zu unterscheiden. So viele Basler Häuser und Plätze, so viele Basler Bürgerinnen und Bürger könnten, so meint man als oberflächlicher Beobachter, durchaus ganz so auch drüben sein; auch die badisch-baslerischen und elsässisch-baslerischen Unterschiede der Sprache sind gewiß weniger kraß als etwa die Unterschiede zwischen dem, was in Basel, und dem, was in Bern, Luzern, St. Gallen gesprochen wird. Dennoch aber ist die stolze, in sich ruhende, auf sich selbst gestellte Stadt, dieser Staat, diese Welt, diese inkommensurable Einheit namens Basel unverwechselbar der Schweiz zugehörig, nicht in ihren einzelnen Punkten und Wesen, sondern in der Besonderheit ihres Miteinanderseins. Fast könnte man sagen: Basel ist innerhalb der Schweiz ein Modell dessen, was die Schweiz innerhalb Europas ist. Denn das Besondere der Schweiz konzentriert sich im Begriff der Verschiedenartigkeit (wir werden ihn im Lauf unserer Fahrt noch heftig zu strapazieren haben) – einerseits der Verschiedenartigkeit gegenüber den gleichsprachigen und scheinbar so ähnlichen Nachbarländern, andererseits der Verschiedenartigkeit innerhalb der scheinbaren Einheitlichkeit. Die Stadt-Staat-Welt Basel, sich mit stolzem Trotz nach außen als monolithische Einheit präsentierend, ist intern in die unendliche Vielfalt rivalisierender, konkurrierender, widerstreitender, uneiniger, hohnvoll gegnerischer Kräfte, Schichten, Gruppen, Parteien, Cliquen, Gemeinschaften geteilt, gespalten, aufgesplittert, zerfallen. Stadt-Staat-Welt Basel besteht aus einer Fülle kleiner, kleinerer, kleinster Welten innerhalb der Stadt, des Staates, der Welt.

Überblickt man den engen Raum, der da einen derartigen

Kosmos der Divergenzen und Bewegungen einschließt, sieht man etwa von der sanften Höhe des Bruderholzes hinab auf die Stadt und muß den Blick zur Ordnung rufen, daß er nicht über die Grenzen nach Deutschland und Frankreich und Basel-Land schweift und tatsächlich nur das Kantonsgebiet von Basel-Stadt bestreicht, dann will man kaum einsehen, daß in so schmalem Gehege ein derartiges Sonnensystem von Körpern, Kräften und Spannungen, von Anziehung und Abstoßung, Platz haben soll. Und man wird im Zeichen dieser Frage einen wichtigen Schritt auf dem Weg zur Erkenntnis der Schweiz zurückgelegt haben.

Basel lebt sein ziviles Leben mit all seinen Aspekten in anderem Rhythmus als andere Städte, denn sein großer Einschnitt hat keinen Bezug auf den Wechsel der Jahreszeiten, der Kalenderjahre, der Ferien und Urlaube und traditionellen geistlichen und weltlichen Feste. Krönung, Scheitelpunkt, Achse und Inbegriff des Zeitablaufs ist die alljährliche Basler Fasnacht, die sich nicht nur durch das fehlende T von jeder anderen Fastnacht unterscheidet. Sie vereint ganz Basel in einem intensiven, extremen, höchst baslerischen und ausschließlich baslerischen Exzeß geplanter Entfesselung auf Grund mysteriöser Riten. Sie vereint aber nur zum Zweck der baslerischen Entzweiung, indem die Fasnacht ja jedem die Freiheit gibt, jedem ungestraft Böses zu tun und zu sagen. Ganz Basel lebt auf diese Fasnacht hin, von dieser Fasnacht her und erfüllt sich ganz in drei Tagen, die dem Brauch, wie er ringsum gepflegt wird, zum Hohn, nicht in der klassischen Karnevalszeit, sondern nach ihrem Ende von Montag bis Mittwoch angesetzt sind.

Der Außenstehende ist angesichts der Basler Fasnacht ratlos und erschreckt und könnte dem, was sich ihm da an Fremdartigkeit darbietet, kaum weniger fassungslos begegnen, wenn es sich als Brauchtum eines fremden und entlegenen Kontinents auf Bali oder Waikiki abspielte. Die Basler Fasnacht ist ganz fern von allen anderen exzessiven Karnevals- und Faschingsbräuchen, wie sie etwa tiefer unten am Rhein passieren und schon seltsam genug sind. Die Basler Fasnacht ist auch bis heute frei von kommerzieller oder fremdenverkehrsbedingter Entartung. Sie ist gelebtes Mittelalter mit heidnischer Tönung inmitten perfektionierter neuzeitlicher Zivilisation, sie läßt Urkräfte und Urbräuche frei werden, sie unterwirft die stille, regsam-ruhsame, patrizisch-bürgerliche, gewerbefleißige, konservative und respektable stolze Stadt dem Gesetz von Trommeln, Larven und Laternen, hebt alle Zucht und Ordnung des

Zusammenlebens auf zugunsten schrankenloser, schweifender, exzedierender Willkür. Im unwirtlichen Dunkel des ›Morgenstreiches‹ ziehen montags von vier Uhr morgens an die Züge mit Trommelklang durch die Straßen und tragen Laternen, die Bezug auf das lokale Geschehen haben. Im ›Trommelkonzert‹ ertönen die monotonen Rhythmen und die anzüglichen, baslerische Aktualitäten des abgelaufenen Jahrs verarbeitenden ›Schnitzelbänke‹. Larvierte Wesen, Gassen und Lokale durchstreifend, sprechen in unpersönlicher, unversöhnlicher, unkenntlicher Fistelstimme jeden an. Die Gesetze der restlichen dreihundertzweiundsechzig Tage sind außer Kraft, alle dürfen alles und machen davon ausgiebig Gebrauch. In gigantischem Elan das alles, was versperrt, verdrängt, zurückgestaut werden mußte, über die Dämme der Konvention. Vielleicht wären Revolutionen vermeidbar gewesen, wenn überall ein derartiges Ventil bestanden hätte, eine regelmäßig wiederkehrende Konvention des Unkonventionellen, ein von der Obrigkeit sanktionierter Ausbruch exzessiver absoluter Freiheit.

Was wir als besonders schweizerisch und extrem baslerisch zu erkennen glauben, triumphiert in den alljährlichen drei Fasnachts-Tagen: die große Einigkeit aller, die sich da ganz dem uralten Brauch ausliefern, und das große allgemeine Gegeneinander, das sie zusammenhält, indem sie einander im Rahmen des Brauchs vieles, Großes und Kleines, antun, um darin sich selbst und ihre Gemeinsamkeit zu erfahren.

Das unfreiwillige Paradies

Man denkt im Hinblick auf die geographische Lage der Schweiz an den Ausspruch des legendären Grafen Bobby, welcher einst anläßlich einer politischen Krise der Tschechoslowakei nachdenklich die Landkarte musterte und dann meinte: »Hat schon eine sehr exponierte Lage, diese Tschechoslowakei: auf allen Seiten von anderen Ländern umgeben!« Eine Insel müßte man sein! – mag mancher Staatsmann und Heerführer manchmal geseufzt haben – und auch die Schweiz ist im Sinn des Grafen Bobby sicherlich exponiert gelegen, wenn auch ihr Territorium eher kompakt, konzentriert in das Gefüge der anderen Länder hineinkomponiert ist, mehr Kern als Keil oder Flaschenhals. Nicht von allen, aber von einigen Seiten ist der Zugang in die Schweiz so bequem wie bei Basel. Und fast überall ist die Grenze nicht mit der Sprachgrenze identisch. Man gelangt von Italien in die italienischsprechende, von Frankreich in die französischsprechende, von Deutschland, Österreich und Liechtenstein in die deutschsprechende Schweiz.

Das, was anders wird, sobald wir, wo immer, in das Gebiet der Eidgenossenschaft eintreten, ist also nicht die Sprache, und auch die Verschiedenartigkeit gewisser äußerer Formen reicht zur Erklärung des Phänomens der Fremdartigkeit nicht aus. Gewiß sind die Zöllner, Kondukteure, Soldaten und Briefträger anders uniformiert, die Plakate und angepriesenen Artikel variieren, die Briefkästen wandeln sich ... doch das sind nur Ornamente innerhalb des veränderten Bilds. Woran liegt es, daß wir so genau wissen, fühlen, spüren, daß wir in der Schweiz sind? Was ist der weiträumig milden Bodenseelandschaft, den Weinbergterrassen am Genfersee, dem sanften Mittelgebirge Appenzells und des Jura, dem Hoch- und Höchstgebirge des Wallis und des Berner Oberlands, der hochalpinen Lieblichkeit des Engadin, den scharf konturierten Bergkegeln des Tessin und all den vielen Städten, Dörfern, Tälern, Seen gemeinsam? Vielleicht: ein Triumph der Geschichte über die Geographie – vielleicht: ein Triumph der Gedanken über die Sprachen.

Der Skandinavier, der südwärts fährt, empfindet Mailand als afrikanisch; der Afrikaner, der nordwärts fährt, empfindet Mailand als hohen Norden. Fährt man von Mitteleuropa nach Amerika, empfindet man Portugal als Fremde. Auf der Rückfahrt empfindet man schon Portugal als Heimat.

Dieses Gesetz der Relativität feiert bei Ortsveränderungen rund um das Gebiet der Schweiz seine gebührend vielfältigen Triumphe:

Wer vom Osten her in die welsche Schweiz gelangt, der meint fälschlich, bereits in Frankreich zu sein. Wer aber aus Frankreich in die französischsprechenden Kantone kommt, weiß augenblicklich, daß er nicht mehr in Frankreich, sondern in der Schweiz ist. Vom Norden über den Gotthard fahrend, fühlt man sich bald wie in Südeuropa; von Mailand über Como nach Lugano reisend, meint man bald hinter der Grenzstadt Chiasso mitten in Mitteleuropa zu sein. Überschreitet man bei Fribourg oder Biel die Sprachgrenze und erreicht Bern, fühlt man sich vielem Deutschen ganz nah. Kommt man von Innsbruck, München oder Stuttgart nach Bern, scheinen Tirol, Bayern und selbst das Schwabenland so fern und so anders. In Genf und Lausanne sind auch Zürich, Basel und Bern, in Locarno, Bellinzona und

Lugano sind auch Genf und Lausanne, in Zürich, Bern und Basel sind auch Lausanne und Lugano mit gegenwärtig. Eine innere Nähe triumphiert über die geographische Nachbarschaft, über die gleiche Sprache und das sogenannte Blut. Unwägbares, Ungreifbares, Atmosphärisches einigt höchst spürbar die ganz und gar unterschiedenen Landschaften, Orte, Menschen, Stämme, Sprachen und ... wie heißt die Mehrzahl von ›Klima‹?

Die Vielfalt ist nicht ausgeglichen, nicht nivelliert, sondern deutlich geblieben und doch zugunsten einer höheren Einheit überwunden. Das ›Nationale‹ als Quelle so vieler Krisen, Konflikte und Probleme der neuen Geschichte war in der Schweiz schon erledigt, als es rundum in Erscheinung trat. Die Sprachenfrage, das Minderheitsproblem, die Anteilnahme an den ›unerlösten Brüdern‹ jenseits der Grenzen, alles das, was die alte Welt rund um das Mittelmeer in immer neue punische Kriege stürzte, ist in der Schweiz längst gegenstandslos. Mit gelassener Selbstverständlichkeit existiert hier eine Nation, die alles Nationale ad absurdum führt. Als Kern Europas blüht und dauert das große Beispiel und Gegenbeispiel aller europäischen Fragen, die den Übergang vom neunzehnten ins zwanzigste Jahrhundert so tödlich explosiv gestaltet haben.

Hier in der Schweiz, wo immer wir sie betreten – und vielleicht macht dies ihr so besonderes, spürbares Anderssein aus –, hier in der Schweiz ist das neunzehnte Jahrhundert bruchlos, nahtlos, organisch und allmählich in das zwanzigste Jahrhundert eingegangen, ohne Kriege, ohne Diktaturen, ohne Staatskrisen, hier ist – ganz so, wie sich's gehört – alles zugleich so geblieben, wie es gewesen ist, und doch auch wieder organisch anders und neu geworden: ein Modell des Zusammenlebens im Geist von Gestern auf das angestrebte Morgen hin, eine gesegnete Provokation, ein heilsamer Dorn im Fleisch des jeweiligen Heute, ein intaktes Herz im bedrohlich gestörten Blutkreislauf Europas, ein unentbehrlicher, unschätzbarer Kronzeuge für die Denkbarkeit des Evolutionären, eine einzigartig wahrgenommene Chance der anderen Möglichkeit, ein erfüllter Wunschtraum, den alle Völker träumen.

Was uns als Gäste der Schweiz so beunruhigt und verwirrt, ist die Ungewißheit, ob wir hier durch die Vergangenheit oder durch die Zukunft reisen, ist auch ein uneingestandenes Bewußtsein der Unterlegenheit, denn wir finden hier die Immunität gegen nationale und politische Krankheiten, an denen wir gelitten haben und leiden. Warum gerade hier? – fragen wir ver-

wirrt und beschämt. Die Schweizer können diese Frage ebensowenig beantworten wie wir. Aber sie beantworten unser Unter-
legenheitsgefühl und komplizieren dadurch die Psychologie der
Begegnung, indem sie sich uns gegenüber durchaus nicht er-
haben, sondern gleichfalls wie benachteiligt fühlen.

Das vielbesprochene Schweizer Unbehagen (›malaise‹) der
zweiten Nachkriegszeit ist eine legitime, ehrenwerte und höchst
verständliche Reaktion auf die Erkenntnis, daß man im Zentrum und Brennpunkt zweier Weltkatastrophen von allen un-
mittelbaren Heimsuchungen verschont geblieben ist. Dem Bewohner des unzerstörten Hauses wird nach der Feuersbrunst –
dem mit seiner ganzen Familie Überlebenden wird nach der
Epidemie ähnlich zumute sein; und dieser Seelenzustand wird
ihm Ehre machen.

Im Reich der Blinden ist der Einäugige König. Aber im Reich
der Einäugigen hat der Zweiäugige ein schlechtes Gewissen.
Der Unverwundete fühlt sich dem Versehrten gegenüber un-
behaglich und möchte fast sagen: »Verzeih!« – »Du kannst ja
nichts dafür«, antwortete der Versehrte. »Stimmt«, meint der
Unverwundete, »aber du kannst ja auch nichts dafür!« Und so
entsteht aus beiderseits ehrenwerten Motiven eine Distanz, eine
Fremdheit, ein wechselseitiges Unbehagen, wenn Schweizer
und Nichtschweizer einander begegnen. Und man beneidet einander – in allen Ehren. Man möchte so gern das alles nicht erlebt
haben – aber die andere Seite, eine fast verschwindende Minori-
tät im tragischen Chaos der vergangenen Jahrzehnte, fühlt, daß
ihre Erlebnisarmut sie innerhalb einer gleichberechtigten Gemeinschaft benachteiligt. Es ist so oft gar nicht beneidenswert,
rechtzuhaben und rechtzubehalten. Es ist durchaus löblich, die
Vollkommenheit anzustreben. Wenn man aber damit Erfolg hat,
steht man da und wird seiner Musterknabenexistenz nicht recht
froh und neidet den bösen Buben insgeheim ihre wunden Knie,
zerrissenen Kleider und strafweise entzogenen Mahlzeiten.

In der Schweiz war alles so, wie es sein sollte. Das ist für alle
jene, die nicht dran teilhatten, beneidenswert.

Weil alles war, wie es sein sollte, hat beispielsweise bekanntlich die Schweiz die einzigen beiden nennenswerten Dramatiker
deutscher Sprache der mittleren Generation hervorgebracht.
Welch ein Glück für uns, für unsere Bühnen und für die Heimat
der Dioskuren Frisch-Dürrenmatt. Nur in der Schweiz konnte
eine junge Begabung sich um 1940 frei entfalten, wachsen und
sich finden. Den Gleichaltrigen jenseits der Grenzen war in den

entscheidenden Jahren das Dichten vergangen oder ausgetrieben worden – und auch der dritte unter den erfolgreichen Stückschreibern der entsprechenden Generation, Fritz Hochwälder, wenngleich Österreicher, hat die Kriegsjahre in der Schweiz verlebt. So ist die Schweiz uns gewiß überlegen. Aber sie bezahlt dafür, indem vieles, was die beiden helvetischen Dioskuren uns sagen, nicht ganz auf unsere Welt zutrifft. Sie hatten nicht mitgekämpft und mitgelitten, ›als der Krieg zuende war‹. Sie schickten Engel in ein imaginäres Babylon. Sie schießen von ihrem Logenplatz der Weltgeschichte auf Objekte, die längst museal geworden sind, ihre Privatbanken und Kapitalisten verewigen auf der Bühne Zustände, die wir längst anders, wenn überhaupt, sehen. Ihre große und unschätzbare Kraft der satirischen Gestaltung lebt sich oft (zum Glück nicht immer!) jenseits unserer Wirklichkeit aus.

Ganz Europa mit Ausnahme der Schweiz hat den zweiten Weltkrieg verloren – wer möchte da nicht Schweizer gewesen sein? Doch: wer möchte da Schweizer sein?

Die Schweiz, klassisches Urlaubsland seit jeher, hatte ein halbes Jahrhundert Urlaub von der Weltgeschichte. Sie wird darum gegenwärtig auch gern von Literaten und anderen wohlhabenden Figuren des Zeitgeschehens aufgesucht, wenn diese Urlaub von der Verantwortlichkeit nehmen und für sich persönlich den zweiten Weltkrieg rückwirkend aus der Welt schaffen möchten. Die Schweizer sehen diese Gäste gar nicht gern, denn das Land der zweiundzwanzig Kantone hat keinen Ehrgeiz, ein Paradies zu sein oder als solches zu gelten. Es schätzt Besucher, ist aber mißtrauisch gegen Zuzügler.

Die Schweiz ist heute, mehr denn je, ganz anders als alles andere. Es wird darum, in der Mitte unseres Jahrhunderts, schon zur unendlich schwierigen, kaum lösbaren Aufgabe, Schweizer zu sein. Aber es ist völlig undenkbar und unmöglich, Schweizer zu werden. Es ist, in der Mitte unseres Jahrhunderts, unendlich schwierig und eine kaum lösbare Aufgabe, eine neue Heimat zu finden. Aber es ist undenkbar und unmöglich, aus einem Jahrhundert in ein anderes umzusteigen, um so mehr als man ja gar nicht genau weiß, ob man sich dabei vom zwanzigsten in das neunzehnte oder in das einundzwanzigste Jahrhundert begibt.

Nur das Meer fehlt

Man fährt von Basel flußaufwärts den Rhein entlang, überwindet einen gelinden Höhenzug, gewinnt das Tal der Aare und den nach ihr benannten Kanton Aargau und kann bei klarem Wetter die Stätte sehen, von der aus der vermutlich welthistorisch bedeutsamste Export der Schweiz stattfand: die Habsburg.

Die Beziehungen zwischen den Schweizern und dieser Familie verliefen nicht ganz geradlinig. Ein Graf war von hier ausgezogen, um 1273 Kaiser zu werden – die Schweizer hatten sich gegen ihn und seine Nachkommen mehrfach erfolgreich erhoben – ein Exkaiser kehrte sechseinhalb Jahrhunderte später in das Land seiner Väter zurück, machte sich aber unbeliebt, indem er von hier aus sein mißglücktes ungarisches Restaurationsabenteuer startete. Mehr Glück hatte ein anderes Mitglied der Dynastie, der Erzherzog Eugen, der als prominenter Emigrant in Basel lebte und der höchsten Ehre teilhaft wurde, die einem Fremden zuteilwerden kann: man nahm ihn nicht nur in das Land, sondern auch in den Sprachschatz auf und nannte ihn den ›Erzi‹.

Wir folgen der Aare nicht flußaufwärts nach Bern und nicht zu ihrer Mündung in den Rhein, wir überqueren sie bei Brugg und sind bald im Kurort Baden und hierauf schnell im Kanton Zürich. Wir gelangen sozusagen durch die Hintertüre in die Stadt Zürich, wie es sich gehört, wenn wir aus Basel kommen – denn daß man nur neunzig Kilometer überwinden muß, um von Basel nach Zürich zu gelangen, ist eine oberflächliche, dilettantische und weltfremde Feststellung, die man besser bei sich behält.

Und selbst wenn wir noch sehr wenig von Land und Leuten wissen, selbst wenn wir noch genug damit zu tun haben, das Verbindende innerhalb der vielgesichtigen Schweiz wahrzunehmen, werden wir alsbald den grundlegenden, konstitutionellen, wesensmäßigen, totalen Unterschied zwischen den beiden Städten erkennen. (Und wir haben damit eine fruchtbare Erkenntnis, die uns schon Basel vermittelte, bekräftigt: daß Einheit und Verschiedenartigkeit einander hier nicht ausschließen, sondern bedingen. Mit der Zauberformel ›unité par la diversité‹ wird das Geheimnis der Schweiz seit langem beschworen; sie muß als Leitmotiv jeder, also auch dieser Betrachtung zugrunde gelegt werden.)

Die Stadt Zürich teilt mit vielen Schweizer Städten das Privilegium der Lage am Ende eines bedeutenden Sees; wenn wir an Lugano, Locarno, Luzern und Genf denken, möchten wir fast an eine typisch schweizerische Konstellation glauben. Aber Zürich ist diesen und auch anderen, ähnlich situierten Seestädten überlegen und von gesegneter Einzigartigkeit. Denn die Uferstrecken mit ihren Quais, Anlagen und Promenaden sind gemeinhin belastet mit der Hypothek des Pittoresken, des Absichtlichen, des Arrangierten. Der fatale Begriff des Schmuckkästchens drängt sich auf mit all seinen Anklängen an den Kurverein, das Promenadenkonzert und die Fremdenindustrie. Die Ufer des Zürichsees sind hier frei von kosmetischer Absichtlichkeit, sie gehören durchaus einer großen Stadt zu, die sich um ihrer selbst willen, und nicht um Eindruck zu schinden, gestaltet.

In der Form eines großen U umgreift Zürich die Gestade mit dichter Besiedelung, die sich allmählich und unmerklich lockert und in Vororte, dann in autonome Gemeinden übergeht. Rechts und links von den beiden U-Balken erhebt sich das Terrain harmonisch, doch nicht symmetrisch: hier der Zürichberg, Dolder, Sonnenberg, ganz nah und städtisch, in das Zentrum reichend und oben in waldreiche Umgebung übergehend, dort, etwas entfernter und noch zur Natur gehörig, der rauhere, gebirgigere Uetliberg.

Der See ist gerade breit genug und schmal genug, um die Einheit des Bildes zu gewährleisten, und von so himmlischer Länge, daß er es in die Ferne, die Weite auslaufen lassen kann. Auf daß es aber begrenzt sei, sieht man manchmal klar und scharf und hoch und doch noch als Rahmen spürbar die Glarner Alpen sich gegen den Himmel abzeichnen.

Wo der Querbalken des U in den linken Längsbalken übergeht, fließt die Limmat aus dem See, an jenem städtischen Schnitt- und Kreuzungspunkt, der schon seinen Namen verdiente, wenn er nur den eben angedeuteten An- und Ausblick böte: Bellevue. Doch die Vue wird ergänzt, wenn man den Rücken zum See wendet. Die Limmat ist kein Strom, nicht einmal ein bedeutender Fluß, hat aber eben jenes glückhafte Maß, das Stadtbild auch in dieser Richtung köstlich zu gestalten und zu beleben mit neuen Quais, dem fortgesetzten Zürichberg rechts, links aber einer sehr sanften Erhebung des Bodens, die gerade wieder den rechten Blick herunter gewährt. Wo gibt es sonst mitten in einer großen Stadt auf durchaus städtische Manier soviel Landschaft?! Dazu kommt noch ein zweiter Fluß, die Sihl, aus der Gegend des Uetlibergs herzu und vereinigt sich mit der

Limmat und belebt die Reichlichkeit – flußabwärts geht die Stadt in die Weite ein und läßt, wachsend und sich frei ausbreitend, die Berge hinter sich.

Zürich hat alles, was eine Stadt sich wünschen kann, wenn sie nicht am Meer liegt (welches aber ihr Gesicht zu ausschließlich diktatorisch bestimmen und ihr nur eine einzige Dimension zuteilen würde, während Zürichs Gesicht sich in seiner Vielgesichtigkeit erfüllt).

Wir sind, von Basel aus, limmataufwärts in die weite, wachsende Ausbreitung der Stadt eingefahren. Wir waren eben noch in der Vorstadt und sind, wenn wir aus dem Bahnhof treten, übergangslos im Zentrum.

Dem Phänomen der Schweizer Bahnen und Bahnhöfe wollen wir eine gesonderte Betrachtung widmen und uns jetzt durch sie nicht von Zürich ablenken lassen. Wir gehen über den Bahnhofplatz und in die berühmte Bahnhofstraße. Wenn wir zum erstenmal hier gehen, fragen wir uns, worin der Ruhm dieses Wegs begründet ist – denn noch so attraktive Schaufenster machen noch keine schöne Straße. Hier ist weder architektonische noch städtebauliche Schönheit, hier ist wohlgenährter, selbstbewußter Reichtum konzentriert. Und erst das andere Ende bringt die Lösung, das Ziel erst adelt den Weg. Wenn wir nicht zum erstenmal hier gehen, finden wir die Bahnhofstraße schön, denn sie mündet in den Blick auf den See.

Die Schönheit der Stadt Zürich äußert sich nicht in Fassaden, Gebäuden, Plätzen und auch nicht in den städtebaulichen Anlagen, wie großzügig diese auch in neuerer Zeit gestaltet und umgestaltet sein mögen. Die Schönheit der Stadt Zürich ist topographisch und geographisch. Sie bezieht etliche angenehm altertümliche Gäßchen, Plätzchen und Treppen der Altstadt mit ein, einige selbstbewußte Kirchen, sehr viele architektonische Greuel der Jahrhundertwende und manche wohlgelungene neue Lösungen. Sie ist Wasser und Bodenerhebung, Quai und Brücke, Einbezogensein des Ganzen in jeden Teil, Aufblick, Fernblick, Rundblick.

In der ambitionierten Stadt Stuttgart sagt einem jeder: »Ich wohne sehr schön, mit einem wundervollen Blick auf Stuttgart.« Ganz Stuttgart scheint aus Blicken auf Stuttgart zu bestehen. Auch Zürich hat die beherrschenden Höhen mit ihren panoramischen Reizen, doch würde hier keiner sagen, daß er von dort ›auf Zürich‹ hinunter blicke, und er wird, anders als in Stuttgart, auch unten mit gleich reizvollen Blicken verwöhnt.

Wieder, wie in Basel, umgreift das städtisch pulsierende Leben auch im Zentrum Inseln der Friedlichkeit, auf dem Lindenhof zwischen Bahnhofstraße und Limmat, dem Kern des ältesten Zürich, auf dem Hang des Hügels oberhalb von Bahnhof Stadelhofen und manchem Steilhang und Plätzchen der Altstadt. Und wenn man sich zentrifugal nach außen begibt, kann man in zwanzig Minuten im Paradies der Stille und Naturbelassenheit sein, mit Reh, Fuchs und Wiesel als Gesellschaft.

Wir haben hiermit Zürich und Basel verglichen und dabei sogar eine Ähnlichkeit festgestellt. Wir sollten nun aber versuchen, dem großen Gegensatz der beiden Städte gerecht zu werden – sie nicht etwa gegen einander auszuspielen (denn wir sind unparteiische Außenstehende), sondern sie aneinander zu messen. Wir suchen nach einer Formel, einer Analogie. Wir gehen die großen Gegensätzlichkeiten durch und fragen uns nach ihrer Anwendbarkeit auf den Antagonismus Basel-Zürich. Basel apollinisch, Zürich dionysisch oder umgekehrt? Nein, stimmt nicht! Basel Katholizismus, Zürich Protestantismus oder umgekehrt? Abwegig! Zürich vita activa, Basel vita contemplativa oder umgekehrt – Zürich Schiller, Basel Goethe – Zürich Form, Basel Inhalt oder umgekehrt? Kalt, eiskalt! Zürich Rom, Basel Hellas ... wärmer – Zürich Amerika, Basel England ... warm – Zürich Preußen, Basel Österreich ... kalt, zurück! Bleiben wir im Bereich der relativen Wärme. Stellen wir uns vor, daß England und Amerika einander sehr naheliegen, nicht durch einen Ozean getrennt und durch eine jahrhunderteschwere Differenz ihrer Geschichtlichkeit unterschieden werden, daß Amerika nie zu England gehört und sich von ihm gelöst, sondern sich parallel mit England entwickelt hätte – die Analogie hinkt und schwankt, aber wir wüßten vorläufig keine bessere. Sie trifft vor allem die Seelenlage der feindlichen Brüder, ebenso auch die Besonderheit der sprachlichen Verschiedenartigkeit. Dem Zürcher klingt das Baseldeutsch wie dem Yankee Oxfordenglisch, den Basler schmerzt das Zürichdeutsch wie das Amerikanisch den Briten. Die Komiker müssen ihre jeweiligen Idiome nur ganz authentisch unverzerrt und unübertrieben produzieren, um in der Gegenstadt süffisantes Selbstbewußtsein auszulösen.

Zürich leugnet seine Geschichte und Vergangenheit keineswegs, es stützt sich auf sie und baut auf ihr gleichsam Stockwerk um Stockwerk der Zukunft entgegen, gewiß nicht in Wolkenhöhe, doch immerhin in der Manier eines neuzeitlichen Hochhauses. Basel hingegen gleicht eher dem massiven, mehrstöckigen Palais, das nicht aufgestockt, sondern im Einklang mit der fortschreitenden Zeit sinngemäß adaptiert und renoviert und bereichert wird. Basel ist eine etwas klein geratene Großstadt, Zürich ist eine mittelgroße Stadt, die einer Großstadt zum Verwechseln ähnlich sieht.

Beide Städte haben Universitäten, aber Zürich ist auch Sitz der Eidgenössischen Technischen Hochschule. An der Basler Universität ist ein nahezu dynastisches System von regierenden Professorenfamilien Tradition. Die Zürcher Universität hat früher als andere das Frauenstudium zugelassen und ist damit zum Mekka einer neuen Phase der Aufklärung geworden. Das Revolutionäre liegt weder Zürich noch Basel, aber die Revolutionäre von Büchner bis Lenin suchten und fanden hier und nicht in Basel Asyl. Basel ist, wie Zürich, mehrheitlich evangelisch, aber in Zürich begann Ulrich Zwingli sein helvetisches Reformationswerk. Basel ist die Stadt großer Humanisten von Erasmus bis Jacob Burckhardt, Zürich ist die Stadt der großen Dichter Gottfried Keller und Conrad Ferdinand Meyer. Zürich ist nicht Rom, Basel ist nicht Hellas – Basel ist nicht Athen, Zürich ist nicht Sparta – aber beide sind eher das eine als das andere. Basel genügt sich selbst, Zürich greift um sich, Basel ist defensiv, Zürich ist offensiv. Basel ist Basel. Zürich ist Zürich plus Zürich, denn rund um die gleichnamige Stadt erstreckt sich der gleichnamige Kanton, der dichtest besiedelte der Schweiz. Basel ist seine eigene Hauptstadt, Zürich ist auch die Hauptstadt von Oerlikon, Bülach, Uster und Winterthur.

Zürich ist auch die Hauptstadt von Thalwil. Von den beiden Bahnstrecken, die an den Ufern des Zürichsees nach und von Zürich führen, ist jene über Thalwil am linken Seeufer (vom Bellevue aus gesehen: rechts) die bedeutendere, und im Rahmen dieser Strecke ist Thalwil gewiß die prominenteste Station. Hier mündet oder entspringt die Linie, die Zürich mit Zug, Luzern und dem Gotthard verbindet. Der Bahnhof liegt beherrschend über dem Dorf und dem Ufer. Bahnhof oder Gemeinde von Thalwil (oder beide vereint) scheinen eine Fülle von Macht auszustrahlen, denn selbst Stars unter den Fernzügen halten hier, im Dorf, nur ein rundes Dutzend Kilometer von der Metropole entfernt. Der große platzkartenpflichtige Expreßzug Ex 121 von Wien nach Basel hält nicht an den großen Knotenpunkten Attnang-Puchheim und Schwarzach–St. Veit, nicht in Kitzbühel und nicht auf dem Arlberg, er hält auf der Fahrt von Wien bis zur Schweizer Grenze nur fünfmal, dann bis Zürich nur zweimal: in Sargans, wo jeder Zug halten muß, und in Thalwil. Der Expreßzug 170 von Stuttgart nach Ventimiglia hält nicht in Schwyz und nicht in Altdorf, wohl aber in Thalwil, und dies um null Uhr zwanzig. Dieser Bahnhof hat Gewalt, die magisch, weil nicht real begründet ist. Er muß über suggestive Kräfte verfügen, die sich den Gestaltern der Fahrpläne unwidersprechbar aufdrängen. Ich habe den Verdacht, daß gewisse Züge auch dann in Thalwil halten, wenn dies aus dem Kursbuch nicht hervorzugehen scheint. Ich bin so oft über diese Strecke gefahren, und ich kann mich nicht erinnern, durch den Bahnhof von Thalwil jemals ohne Anhalt durchgefahren zu sein. Ich wollte mich schon mehrfach an kompetenten Stellen nach den Ursprüngen des Phänomens Thalwil erkundigen, schrak dann aber immer wieder ängstlich und ehrfürchtig zurück. Da ist ein Geheimnis, an das man besser nicht rührt – empfand ich – vielleicht ein uraltes heimliches Privileg aus fernen versunkenen Tagen, vielleicht ein Zauberbann, eine Verwünschung. Ich habe im Gespräch mit einer Dame aus Thalwil ganz zaghaft auf das alles angespielt; und sie hat geheimnisvoll gelächelt.

Und immer, wenn ich von oder nach Zürich fahre, in Thalwil halte und die selbstbewußt triumphierende Stimme höre, die den Namen des Dorfes schmettert, erschauere ich.

Die antiquierte Landschaft

Wo waren wir stehengeblieben? In Thalwil.

Wir können hier vom Kanton Zürich Abschied nehmen und ins Zentrum der Schweiz vordringen. Unsere Rundreise wird ja doch keine solche sein, sondern eher eine Kreuzfahrt. Der Ehrgeiz des Baedekers liegt uns fern, und selbst die Kreise, die Baedeker bei seiner Darstellung der Schweiz zieht, verlaufen nicht in rundlichen Bogen, sondern kreuz und quer durch das Land. Wir werden mehrfach vom geraden Weg ab in seitliche Richtung weichen, wir werden ebenso auch von der Betrachtung der besonderen Landschaft in die Erwägung des Allgemeinen umsteigen, uns mit äußerster Planlosigkeit und Willkür wie zufällig treiben lassen, unsystematisch und dilettantisch, auf die Erkenntnis eines Größeren von einem größeren Vorhaben vertrauend: »Man könnte einwenden, daß für die Lösung der vorliegenden Aufgabe ein einzelner Mensch nicht ausreicht, daß niemand auf allen Gebieten kompetent sein kann. Da dies zweifellos richtig ist, andererseits eine derartige Arbeit fast unerläßlich ist, so bleibt nichts übrig, als daß sie von einem inkompetenten Menschen in Angriff genommen wird.« (Egon Friedell im Entwurf zu seiner ›Kulturgeschichte der Neuzeit‹.)

Wir sind bald hoch über dem Zürichsee, bald in einem langen Tunnel und dann in großer Einsamkeit im Tal der Sihl, die von hier ihrem Schicksal als Zürichs Neben-Fluß entgegeneilt. Wir sind noch nicht weit von der Stadt und noch weniger weit vom idyllisch-heiteren See – hier aber ist schon echtes, ernstzunehmendes Gebirge. Hart beieinander wohnen in der Schweiz die Kontraste, jäh schlägt Städtisches in Ländliches, Dichtbesiedeltes in Naturbelassenes, Liebliches in Rauhes um.

Ein weiterer Tunnel: wir sind durch den Rücken des Albis hindurch, der den Uetliberg fortsetzt; die freundliche Weite tritt wieder in ihre Rechte. Und wir haben nicht nur eine Kantonsgrenze und eine Wasserscheide passiert, sondern auch eine andere, sehr wesentliche Linie. Bisher befanden wir uns in mehrheitlich evangelischem Gebiet; hier aber sind wir im katholischen Bereich. Die Schweiz ist auch in konfessioneller Hinsicht reich schattiert: Spannung zwischen Katholischen und Evangelischen, bei diesen die Spannung zwischen Anhängern Zwinglis und Calvins, dazu ein Kontingent von Sekten.

Wir waren bisher in der nördlichen Schweiz, nun sind wir in der Innerschweiz, im Kernland, im Kern des Kerns sozusagen. Hier liegt Zug, die kleine Hauptstadt eines kleinen Kantons an einem kleinen See, Ursprung des hellen, kräftigen, sehr berühmten Zuger Kirsch und der durch ihn bedingten Zuger Kirschtorte, überragt vom Zugerberg, einem Zentrum der Erziehungsinstitute. Im Süden des Zugersees sind wir schon ganz nah von Küßnacht und seiner hohlen Gasse. Im Süden des Zugersees befindet sich auch ein in jeder Hinsicht hervorragendes Bergmassiv namens Rigi, welches Wort überraschenderweise im örtlichen Sprachgebrauch weiblichen Geschlechts ist: die Rigi.

Küßnacht . . . Rigi . . . nun umweht uns, sofern wir nicht einheimisch sind, das Bewußtsein, daß wir uns auf klassischem Boden befinden, und dieses Klassische ist zweifach determiniert: durch Schillers ›Wilhelm Tell‹ und durch alte Traditionen des Reisens.

In beiden klassischen Relationen verschieben sich die Ebenen der Zeit auf seltsame Weise: die natürliche Wirklichkeit wird durch Menschendinge beeinflußt. Wir sehen die große erste Phase der eidgenössischen Geschichte, ob wir wollen oder nicht, so wie der Schwabe Schiller, der die Schweiz nie betreten hat, sie im Drama gestaltete, sehr unhistorisch, zugegebenermaßen frei phantasierend. Wir wissen, daß Tells Existenz sehr umstritten ist, daß sich die Vereinigung der drei Urkantone ganz anders vollzog als bei Schiller, daß Geßler vermutlich nicht Geßler hieß – aber Tellsplatte, Tellskapelle, Rütli und Altdorf geben uns das Bewußtsein: Hier war's! – und wir meinen damit vor allem das, was wir im Theater gesehen haben – wie wir die Notre-Dame von Paris mit Victor Hugo, den Loreleifelsen mit Heinrich Heine, Nürnberg mit Richard Wagner in Verbindung bringen, ob wir wollen oder nicht. Die Kunst vermag es, Bilder zu schaffen, die rückwärts in die Zeiten wirken, rückwirkend neue Wirklichkeiten gestalten. Unsere Anschauung gewinnt solche Macht, daß sie die Vergangenheit verändert. Allmählich sind gewisse Ereignisse nicht mehr so gewesen, wie sie waren, sondern so, wie sie dargestellt worden sind – allmählich sind gewisse Ereignisse, die nie gewesen sind, doch gewesen, weil sie dargestellt wurden.

Hängt es mit der klassischen Tell-Gestalt zusammen, daß hier in ihrem Umkreis auch die klassischen Reiseziele konzentriert sind?

Auch Reiseziele haben ihre Schicksale und gewinnen im Vergehen der Zeit ihre Dimensionen. Erinnern wir uns: Das Reisen ist nicht konstant und unabänderlich, das Reisen um des Reisens willen ist eine recht neue Errungenschaft. Die Berge als lockende Ziele sind erst im Zug der Entdeckung der Natur, der Erkenntnis heilsamer Wirkung von Wasser, Luft und Sonne vor gar nicht langer Zeit populär geworden. Die Erschließung winterlicher Gebirgslandschaften fand noch viel später statt. Wir danken die Berge Jean-Jacques Rousseau und den Romantikern, wir danken das beschneite Gebirge dem norwegischen Brauch, Skier anzuschnallen, der sich erst um die Jahrhundertwende allmählich von einer skandinavischen Fortbewegungsart zum weltumspannenden Sport entwickelte.

Eine frühe Welle bergsteigender, vorwiegend angelsächsischer Gäste ergoß sich hierher. Es begab sich eine Entdeckung, die den großen Entdeckungen der Neuzeit ebenbürtig an die Seite zu stellen, aber in historischen Darstellungen nicht gebührend gewürdigt ist. Hier, rund um den Vierwaldstättersee, entdeckte der Mensch die Aussicht. Der Aussichtsberg ist ein

Berg besonderer Art; er wird nicht aus Freude am Steigen bestiegen, sondern um des Ausblicks willen, der sich von oben bietet. Man entfernt sich von einem Punkt, um ihn besser zu sehen. Auf die Entdeckung der Aussicht folgte in gebührendem Abstand seit 1870 die Erfindung und Vervollkommnung der Bergbahn, die den eben erst entwickelten Tourismus-Alpinismus wieder aufhebt, indem sie das Ziel ohne Weg aufzusuchen ermöglicht. Die Entwicklung ist aber damit noch nicht abgeschlossen, und ihre weiteren Stadien sind nicht abzusehen:

Es begann damit, daß man untenblieb. Dann ging man hinauf, um hinaufzugehen. Dann ging man hinauf, um oben zu sein. Dann fuhr man hinauf, um oben zu sein. Dann kam der Skilift: man fährt hinauf, um hinunter zu fahren. Wie soll das weitergehen?

Die Landschaft um den Vierwaldstättersee, in die wir eingetreten sind, ist noch nicht lange in das Bewußtsein der fernerliegenden Welt eingetreten. (›Wilhelm Tell‹ wurde 1804 erstmals aufgeführt – 1816 gab es ein größeres Gasthaus auf dem (der) Rigi – 1869–71 wurde als erste Zahnradbahn Europas die Bahn Vitznau-Rigi erbaut.) Die Gegend war lange Zeit ein Hindernis für Reisende, die nach dem Süden gelangen wollten – dann wurde sie allmählich Ziel und Inhalt von Reisen.

Die Formen der Natur sind konstant und ändern sich in großen und größten Zeiträumen, welche sich unserer Wahrnehmung entziehen. Zweifellos haben die Berge und Täler und Gestade hier immer so ausgesehen – und doch: wie Perlen aufblühen, wenn Menschen sie tragen, gewinnen auch Landschaften geheimnisvolles Leben, indem sie angeschaut werden.

Das neunzehnte Jahrhundert hat die Landschaft des Vierwaldstättersees erst richtig geschaffen, die Blicke unzähliger, vor allem britischer Reisender haben ihr Bild bestimmt; und uns will es scheinen, als hätten diese Panoramen, die sich doch nie verändert haben, heute etwas leicht Antiquiertes. Ähnlich wirkt auch der Rhein in seinem strapaziertesten Stück zwischen Bingen und Bonn. Er ist imprägniert von Rauschebärten, Lindenwirtinnen und schwarzbraunen Mädeln, er duftet nach mehrstimmigem Männergesang.

Und die Gegend rund um Luzern schmeckt nach Breeches-Hosen, langen Alpenstöcken, Pelerinen und altmodischen Umhänge- Feldstechern. Felsen, Hänge, Grate und Gipfel scheinen wie von einem Pionier der Photographie aufgenommen. Der

Vierwaldstättersee ist rührend wie eine Erinnerung an versunkene Zeiten. Man sollte ihn in der toten Saison besuchen, wenn die motorisierte Gegenwart das Bild nicht trübt, man sollte ihn einsam im Motorboot durchfahren und den Motor häufig abstellen, auf daß die Attribute der fortschreitenden Zivilisation unscharf werden und verschwinden.

Der Vierwaldstättersee hat seinen Namen von den vier Waldstätten oder Urkantonen: der Trias, die auf dem Rütli ein einzig Volk von Brüdern zu werden gelobte, plus Luzern. Er ist ein sogenannter Lappen- oder Beckensee, denn er liegt nicht als geschlossenes Ganzes da, er streckt Lappen, Zungen, Arme nach allen Seiten, ist ein kommunizierendes Vielerlei von sieben Becken, deren jedes einen anderen Charakter hat, ein System, von dem man nicht recht sagen kann, ob Land die Seezungen oder Wasser die Landzungen umgibt. Ähnlich unregelmäßig in die Landschaft gekleckst ist auch der See von Lugano, nicht rundlich, nicht länglich, nicht dem Kipfel oder dem Mond gleichend wie die meisten Kollegen, sondern ohne Zentrum und Schwerpunkt da- und dorthin ausgreifend, gleichfalls (wie der Vierwaldstättersee bei Stansstad) an einer engen Stelle von einem Damm (bei Melide) durchschnitten, auch noch verschärft durch gelegentlichen unübersichtlichen Grenzverlauf zwischen der Schweiz und Italien.

Die staatsrechtliche Unübersichtlichkeit des Vierwaldstättersees bleibt im innerschweizerischen Rahmen und äußert sich unter anderem im Paradoxon, daß der Kanton Unterwalden in zwei Halbkantone unterteilt ist, welche Nidwalden (Hauptort: Stans) und Obwalden (Hauptort: Sarnen) heißen. Die Verwirrung ist schon bedeutend, wenn Zug die Hauptstadt von Zug, Zürich die Hauptstadt von Zürich ist, wenn auch Bern, Neuchâtel, St. Gallen, Fribourg, Schaffhausen, Luzern, Schwyz, Solothurn und Glarus den Teil und das Ganze bezeichnen; hier erreicht sie einen paradoxen Höhepunkt, indem wir uns gleichzeitig in Unterwalden und Obwalden, also unter- sowie oberhalb des Waldes befinden können.

Die geographische Unübersichtlichkeit des Sees bringt es mit sich, daß wir vom Vierwaldstättersee zum Vierwaldstättersee per Bahn über den Zugersee und Lowerzersee fahren müssen, weil das Ufer derartige Umwege macht und weil die (der) Rigi, massig und vielgestaltig, raffiniert um der Aussicht willen zwischen die drei Seen eingepaßt daliegt.

Als Pendant erstreckt sich in geringerem Ausmaß, doch nicht

minder jäh ragend, südlich das Massiv des Bürgenstocks in die Fluten; die äußerste Annäherung der beiden Klötze, die nur eine schmale Wasserrinne aussparen, wird von der Oberen Nase (Rigi) und Unteren Nase (Bürgenstock) markiert.

Der Bürgenstock, mittels Straße und Bergbahn erreichbar, ist ein starkes Beispiel domestizierter Natur. Hier war ursprünglich keinerlei Anlaß oder Vorwand für zivilisatorische Aktivität, hier befanden sich etwa vierhundert Meter oberhalb des Seespiegels Rauheit und Schroffheit und Ruhe. Die Einsamkeit wurde nun gestaltet und ausgewertet und wird gegen entsprechende Vergütung an die internationale Kundschaft abgegeben. Obwohl völlig bewußt, raffiniert naturbelassen, wirkt hier die mit allem neuzeitlichen Komfort versehene alpine Ländlichkeit wie künstlich, wie eine Dekoration.

Die Vielfalt und Vielgestaltigkeit des Sees zeigt sich auch darin, daß wir uns nun schon recht intensiv mit ihm eingelassen und noch immer nicht von Luzern gesprochen haben. Luzern liegt an einer der zahlreichen Ecken in einem der zahlreichen Becken des Sees, am Ursprung einer der zahlreichen Zungen, die das Land ins Wasser streckt. Luzern ist eine Stadt am See, geteilt von der hier ausfließenden Reuß, Ursprung der nach vielen Richtungen ausschwärmenden Dampfboote – eine malerische, anheimelnde kleine Stadt, deren Ambitionen nicht größer sind, als daß sie erfüllbar wären. Wie Zürich umschließt sie sehr viele Quais, Anlagen. Von den Brücken über die Reuß ist eine bemerkenswert, weil sie um die Ecke geht. Unter den schönen Kirchen finden wir auch eine barocke (die Jesuitenkirche neben dem Stadttheater). Etwas außerhalb liegt die Villa Tribschen, wo Wagner als Logiergast König Markes an seiner Oper ›Richard und Mathilde‹ arbeitete. (Ich weiß nicht, ob es nur mir so ergeht, aber in mir erweckt dieser musikhistorische Name ›Tribschen‹ immer die Assoziation an einen sächsischen Diminutiv von ›Trieb‹.)

Innerhalb der Stadt und doch wie von ihr isoliert, fast versteckt, feiert das späte neunzehnte Jahrhundert einen Triumph von beklemmender Eindrücklichkeit. Nebeneinander befinden sich hier: ein ›Panorama‹, den Übertritt der französischen Bourbaki-Armee in die Schweiz auf einem Rundhorizont mit plastischen Zutaten darstellend, ein ›Alpineum‹, ein halb natürlicher, halb kunstgewerblicher ›Gletschergarten‹ und das ›Löwendenkmal‹. Dieses würdigt das Andenken der Schweizergarde, die im Kampf um die Tuilerien starb, aber sich nicht ergab; der sterbende Löwe, von dem Dänen Thorwaldsen entworfen, ist mitsamt dem dazugehörigen Teich ein Erweis der noch nicht allgemein anerkannten Tatsache, daß die ›entartete Kunst‹ nicht mit der gelegentlich so bezeichneten Kunst unserer Zeit identisch ist. Übrigens ist auch diese sogenannte entartete Kunst mit Luzern verbunden, denn einem Luzerner Kunsthaus war es kurz vor dem zweiten Weltkrieg vorbehalten, die Auktion der vom Großdeutschen Reich verschleuderten Kunstschätze durchzuführen.

Auf das Panorama und die Aussicht müssen wir wohl im Zusammenhang mit der Stadt Luzern nicht mehr gesondert hinweisen – denn in diesem Stadium unserer Betrachtung versteht sich die Großartigkeit wohl schon von selbst; die gesamte Vierwaldstättersee-Landschaft setzt sich ja aus Plätzen zusammen, die Bestandteile oder Ausgangspunkte unvergeßlicher Rundblicke oder beides zugleich sind.

Schaut her, wir sind's!

Die Stadt Luzern ist eine wohlfunktionierende, echte, komplette Stadt, ausgestattet mit den entsprechenden städtischen und kantonalen Organen und Behörden, sie hat ihr Stadttheater, ihr städtisches Orchester, ihren Kunstverein, ihr städtisches und kantonales Gesundheitswesen, ihre städtische und kantonale Polizei, ihre kantonale und städtische Gerichtsbarkeit, Arbeitsämter, Finanzämter, Handelsregister, ihr städtisches und kantonales Schulwesen, ihr Forstamt, ihre Baubehörde, Vormundschaftsbehörde und was eben sonst noch zu einer Stadt und Hauptstadt gehören mag. Sie bietet ihren rund siebzigtausend Einwohnern alles, was diese von ihr zu erwarten und zu verlangen berechtigt sind. Und doch kann es geschehen, daß wir Luzern besuchen und meinen, daß die Stadt sich selbst ›zu groß‹, ›zu weit‹ ist wie ein Anzug, ein Kleid, ein Mantel, und manchmal wieder könnten wir feststellen, daß Luzern sich selbst ›zu eng‹, ›zu klein‹ scheint. Das bedeutet, daß Luzern von seiner ›Saison‹ abhängig ist.

Gewiß werden auch andere Länder, andere Orte von Gästen reichlich und heftig besucht und heimgesucht, gewiß wird der Strom der beruflichen und privaten Besucher, der Schaulustigen und Durchreisenden überallhin gelangen, wo Menschen siedeln; und doch ist es in der Schweiz anders um ihn bestellt als anderswo. Wir kennen landschaftliche Zentren und Brennpunkte des Reisens: Küsten, Täler, Bäder; wir kennen sehenswerte Städte und Gegenden, aber wir kennen kein anderes Land, keinen anderen Staat, der derart wesensmäßig, konstitutionell ein Reiseziel ist. Die Badeorte leben davon und dafür, daß sie besucht werden; die Gebiete des sommerlichen und winterlichen Tourismus sind auf ihre Gäste eingestellt und eingerichtet – manche Städtchen oder Städte, wie Rothenburg ob der Tauber oder Avignon oder Venedig, sind zu organisiertem Exhibitionismus genötigt, aber welches andere Land sonst wäre als ganzes so breit, so weit, so überaus geöffnet für die herbeiströmenden Völkerscharen? Weder Paris noch Rom, nicht einmal Florenz ist so sehr Fremdenstadt wie Luzern oder Lugano oder Genf, die den Ausgleich zu finden haben zwischen ihrem Selbst und dem, was sie davon herzugeben genötigt sind. Paris und Rom, selbst Florenz bleiben Paris und Rom und Florenz in unerheblich veränderter Manier, wenn keine Ausländer kommen. Ich habe Luzern, Lugano, Genf im zweiten Weltkrieg ohne Fremde gesehen; sie waren nicht ganz sie selbst, sie waren um ein Entscheidendes reduziert wie Skiparadiese im Sommer, Strandanlagen im Winter. Man kann in Rom, Paris und Florenz Regierungsbeamter, Anwalt, Lehrer sein, ohne mit dem Tourismus in Berührung zu kommen. Dieser bleibt den hierzu berufenen Wirten, Lokalbesitzern, Kellnern und anderen unmittelbar Beteiligten vorbehalten, er ist eine fachliche Angelegenheit – in der Schweiz aber wird er zum nationalen Belang. Die Stadt Luzern ist dazu ausersehen, in ihrer breiten Front großer Hotels mit dem Zubehör von Kursaal, Promenaden und Sehenswürdigkeiten, besucht, besichtigt, überflutet zu werden. Nicht nur das Gastgewerbe, das ganze Gemeinwesen hat die Funktionen des Gastgebers.

Wenn die Schweizer einmal ›ein Volk von Hotelportiers‹ genannt wurden, war das nicht freundlich gemeint, hat aber ein echtes Problem aufgezeigt. Die Schweizer sind als Gesamtheit seit vielen Generationen dazu genötigt, sich mehr als andere Völker den Blicken von Fremden darzubieten, und es ist für sie keineswegs einfach – wenn auch selbstverständlich – mit dieser Herausforderung fertig zu werden. Es wäre sicherlich übertrieben, wenn man sagen wollte, daß die Schweizer von dieser ihrer Funktion begeistert wären; ebenso abwegig aber wäre auch die Feststellung, daß sie unter ihr leiden. Sie nehmen sie mit leicht erstauntem Fatalismus auf sich, es bleibt ihnen nichts anderes übrig, als sich der neugierigen Schaulust eindringender Reisender zu präsentieren: Schaut her, wir sind's!

Der Stolz der Schweizer, Schweizer zu sein, ist nicht aggressiv und nicht expansiv; sie sind nicht Missionare ihres Schweizertums, sondern sozusagen Gesandte und Botschafter, und dies angesichts der permanenten Zirkulation eben auch im eigenen Land.

Der Ungar in der Anekdote antwortet auf die Frage »Wer war Adam?« mit »Der erste Ungar!«; für den Schweizer war Adam ›der erste Ausländer‹ (und dies vielleicht auch darum, weil Adam ja aus dem Paradies vertrieben wurde, nicht aber der Schweizer). Der Schweizer ist daran gewöhnt, sich beobachtet zu fühlen. Er ist dank dieser dauernden Konfrontation vielleicht seiner selbst besonders bewußt und somit besonders selbstbewußt. Er vermag sich besser zu definieren, da er dem anderen ausgesetzt ist. Aber dieses andere könnte auch als Versuchung wirken. Der Schweizer, ohne eigenes Dazutun zum mehr oder weniger ausgesprochenen Hotelportier-Status genötigt, hütet sich vor Liebedienerei und Anpassung. Er blickt nicht auf, er blickt auch nicht hinab, er bleibt reserviert. Er biedert sich nicht an. Man wird in der Schweiz alle klassischen Leistungen der Beherbergung und Bewirtung vorfinden, man wird sich als Besucher stets willkommen, aber kaum je herzlich willkommen fühlen, man wird Besucher bleiben und kaum je zum echten Gast avancieren; denn der wahre Gast soll sich ja wie zuhause fühlen, und eben das soll der Fremde in der Schweiz nach dem Willen der Schweizer keinesfalls. Die Schweizer geben dem Besucher alles, nur nicht sich selbst.

Wenn wir sie um etwas bitten, sagen sie »Gern!«, bevor sie es uns geben. Aber dieses ›Gern‹ bedeutet ebensowenig ›gern‹ wie einer, der fragt »Wie geht's?« ernsthaft an unserem Befinden interessiert ist.

Die Schweizer erfahren im Umgang mit uns dauernd, daß sie anders sind als wir, und sie lassen im Umgang mit uns keinen Zweifel darüber aufkommen. Sie zeigen sich uns, weil ihnen nichts anderes übrig bleibt und weil dieses Offensein für Besucher einen Bestandteil ihrer wirtschaftlichen Struktur bildet. Aber sie zeigen uns auch, indem sie sich uns derart zeigen, daß sie nicht nur und nicht aus Überzeugung das Land der Bäder, der Grand-Hotels, des Wintersports und des Tourismus sind, daß wir sie eigentlich dauernd mehr oder weniger stören, daß sie sich von uns zwar gewohnheitsmäßig und traditionell, aber nicht gern stören lassen, daß es Bezirke gibt, in die wir nicht eindringen können, Einblicke, die uns verwehrt sind, wenn wir auch noch so freigebig und freizügig mit Aussichten verwöhnt werden. Sie lassen uns zu sich herein, aber nicht an sich heran.

Sie sagen uns nicht (und vermutlich nicht einmal sich selbst), daß sie besser sind als wir. Aber sie sind sich lieber als wir, und das lassen sie die Sensiblen unter uns fühlen. Und sie bleiben, wenn wir ihre Seen und Berge und Städte und Dörfer auch noch so konstant und massiv überschwemmen, wenn sie uns ihre Ufer und Täler und Almen noch so bereitwillig öffnen, doch immer unter sich.

Auf ihre Errungenschaften, um die man sie beneiden möchte, sind sie nicht so stolz, weil sie ihnen selbstverständlich sind. Sie würden nie, wie gewisse andere Völker, eine Suprematie beanspruchen, die ihnen nicht zukommt. Sie finden gar nicht, daß alles bei ihnen besonders gut, sondern viel eher, daß alles anderswo weniger gut ist. Sie fühlen: Wir wissen es besser. – Aber sie belehren uns nicht. Sie sind nicht fremdenfeindlich (solange die Rückreise des Fremden in seine Heimat gesichert ist), sie könnten und dürften es nicht sein. Sie halten sich den Fremden nicht zehn Schritt vom Leib, aber zehn Schritt von der Seele.

Man könnte ohne weiters sagen, daß sie uns gegenüber von Größenwahn erfüllt sind, und könnte diese Behauptung durch Erfahrungen und psychologische Konklusionen erweisen. Man könnte ohne weiters sagen, daß sie uns gegenüber ein Minderwertigkeitsgefühl überkompensieren, und könnte diese Behauptung durch Erfahrungen und psychologische Konklusionen erweisen. Aber man hätte in beiden Fällen unrecht. Die Schweiz befindet sich in der einzigartigen Situation eines kleinen Bruders, der ein älterer Bruder ist: Benjamin Senior. Der Vergleich mit David und Goliath drängt sich auf; aber dieser David kann die Schleuder zuhause im Schrank behalten, er will ja gar nicht König werden, da er mit der immerwährenden Neutralität viel günstiger dran ist.

Kein Größenwahn, kein Minderwertigkeitsgefühl also, kein krampfhaft krankhaft positiv aufgeladenes Negativum, sondern eine relativ gesunde Kombination positiver und negativer Aspekte der Selbsteinschätzung: so treten uns die Schweizer entgegen, ohne uns entgegenzukommen. Sie lassen sich sehen und können sich sehen lassen, aber sie werden niemals, weil das Ausland zusieht, irgend etwas tun, was sie sonst nicht täten, – sie werden niemals von der Erwägung ausgehen: Was soll denn das Ausland, was sollen denn die Ausländer von uns denken?!

Was wir von ihnen denken, wird sie kaum sehr interessieren und gewiß keinen besonderen Eindruck auf sie machen. Wir sind ihnen nicht sehr wichtig und sehr, sehr fremd. Und sie können sich uns getrost zeigen, weil sie im Grund ihres Denkens gewiß sind, daß wir sie ja doch nicht sehen.

Die Hauptstadt an der Straßenbahn

Wenn der Schweizer ›Schwyz‹ sagt, kann er dreierlei meinen. Schwyz ist nicht nur der Hauptort des Kantons Schwyz, sondern auch der Ort, welcher der Schweiz diesen ihren Namen und das Staatswappen gegeben hat. Man sollte denken, daß diesem Ort die Eigenschaften, allenfalls auch Schattenseiten eines Mekka der Demokratie zukämen, daß hierher gewallfahrtet würde, daß mit demonstrativer Selbstbehauptung und allerlei Pomp an diesem Symbol eine sichtbare Geste des Schweizertums veranstaltet würde.

Man stelle sich vor, daß es einen Ort namens Dytsch gäbe, der so eng mit der Gründung Deutschlands, einen Ort namens Franche, der so eng mit dem Werden Frankreichs zusammenhinge wie dieses Schwyz mit dem Entstehen der Schweiz; und man male sich die Male, Denkmale, Buden, Autobusse und sonstigen Begleiterscheinungen, echten und arrangierten Sehenswürdigkeiten in beliebiger Dosierung von Niederwald und Lourdes aus! Nichts von alledem in Schwyz. Ja, es scheint fast Absicht und ist zumindest höchst charakteristisch und bedenkenswert, daß Schwyz ganz abseits liegt, unbetont, ohne Akzent, wie geheim und verborgen. Die schweizerische Demokratie versteht sich derart von selbst, daß sie keines besonderen Gepränges im Zusammenhang mit ihrer Namenspatronin bedarf und eine entsprechende Idee wohl nicht einmal erwogen und dann verworfen hat.

Unter etlichen still abseitigen Kantonshauptorten der zentralen und östlichen Eidgenossenschaft ist Schwyz einer der stillsten. Die Hauptstrecke der Bundesbahn, deren aus Nordosten und Nordwesten kommende Linien sich eben bei Arth-Goldau vereinigt haben, um dem großen Übergang des Gotthard zuzustreben, widersteht, wohl um dem Ort Schwyz seine Abgeschiedenheit zu belassen, der naheliegenden Versuchung, das naheliegende Schwyz zu berühren: von Arth-Goldau, wo fast alle Züge halten, führt sie über Steinen, wo Werner Stauffacher geboren wurde, zu einem Bahnhof, der ursprünglich Seewen-Schwyz genannt war und erst seit 1950 den Namen Schwyz allein führt. Dort halten durchaus nicht alle Züge, denn Schwyz ist nicht Schnellzugstation. Von diesem Bahnhof gelangt man in den eigentlichen Ort Schwyz mit einer kleinen archaischen Straßenbahn in sieben Minuten.

Schwyz hat rund zehntausend Einwohner und sehr wenig Fremdenverkehr; die großen Badeorte des Kantons sind Brunnen und Gersau am nahen Vierwaldstättersee, die eigentliche Sehenswürdigkeit des Kantons ist, weiter entfernt, die Kirche von Einsiedeln, ein barockes Prunk- und Glanzstück von gewaltiger Eindrücklichkeit, höher gelegen und traditionelles Ziel von Wallfahrten.

Die Gemeinde Schwyz, die uns eine Hauptstadt scheint und die wir gern als solche bezeichnen möchten, nennt sich selbst Dorf und zeigt darin ihre Größe, daß sie sich zum Dorf bekennt und nichts anderes sein, nichts anderes vortäuschen will. Wenn wir auf der Suche nach der Schweiz ihrem Wesen auf die Spur kommen wollen, tun wir gut daran, diese Nichthauptstadt mittels der Straßenbahn aufzusuchen und gerade dadurch den Akt einer Wallfahrt zu setzen, indem wir bei diesem Weg auf die gewohnten Kennzeichen sonstiger Wallfahrten verzichten. Nach Schwyz kann man beim besten Willen nicht pilgern. Nach Schwyz begibt man sich.

Da liegt es, am Endpunkt der kleinen, kurzen Straßenbahnstrecke, still und behäbig und bedächtig, wohlhabend, selbstsicher, ohne jede Aufmachung. Die große, relativ neue scheunenartige fensterlose Baulichkeit ist das Bundesbriefarchiv. Hier werden die großen Reliquien der Vergangenheit aufbewahrt und gezeigt, vom Freibrief des Kaisers Friedrich II. an die Schwyzer und dem Dokument über die Erneuerung des alten Bundes zwischen Uri, Schwyz und Nidwalden im August 1291, der eigentlichen Geburtsurkunde der Eidgenossenschaft, zu den Dokumenten, die 1332 Luzerns Beitritt, 1351 Zürichs Beitritt und allmählich durch Bündnisse mit anderen die heutige Eidgenossenschaft begründeten, die zwar im Laufe der Jahrhunderte häufig von Geschichte heimgesucht und gefährdet war, aber sich selbst so intensiv erlebt und erfahren hatte, daß sie ihr Wesen zu bewahren und frei zu entwickeln vermochte, ein wahrhaft ›Ewiger Bund‹, dessen Verbriefung von 1291 darum auch charakteristischerweise kein neues Faktum setzt, sondern einen alten Zustand ›in nomine domini‹ wiederherstellt.

Die Bundesbriefe befanden sich in einem Turm nächst dem Rathaus von Schwyz. Erst 1936 wurden sie in das neuerbaute Archiv verbracht. Eine großzügige Freilichtbühne im Süden des Dorfs hatte schon vorher den Rahmen für die an vielen Orten der Schweiz gebräuchlichen historischen Fest- und Feierspiele geboten, die am Tag der ›Bundesfeier‹: 1. August, oder an ihrem Vorabend, abgehalten zu werden pflegen. Aber weder das Bundesbriefarchiv noch die Festspielbühne sind vom ›Staat‹, wie wir sagen würden, also von der Eidgenossenschaft erstellt, sondern – wir würden sagen ›vom Land‹ – vom Kanton Schwyz mit seiner Zehntausend-Einwohner-Hauptstadt und seinen etwa siebzigtausend Einwohnern, seinem Finanzamt, Bauamt, Arbeitsamt, seiner kantonalen Gerichtsbarkeit, Armenpflege, seinem Forstamt, Schul- und Gesundheitswesen und seiner mehr als siebenhundertjährigen Geschichte, in der dieses Stück Welt zwischen Zürichsee und Vierwaldstättersee zwar einmal nach dem Beispiel Basels zerfiel, sich in zwei Halbkantone, einen Kanton ›Schwyz äußeres Land‹ und einen Kanton ›Innerschwyz‹ spaltete (1833), aber nach drei Monaten bewaffneter Auseinandersetzungen wieder vereinigte und dennoch (und eben drum) immer als Schwyz mit sich selbst identisch gewesen ist, sich nie aufgegeben, sondern äußerstenfalls mit anderen verbündet hat.

Die Größe der Schweiz kommt von der kleinen und kleinsten Einheit, die sich bewahrt, nötigenfalls zur noch kleineren Einheit spaltet, und nur frei und freiwillig zur nächsthöheren Einheit zusammenschließt: Wir wollen sein . . .

Schwyz, der Ort, Schwyz, der Kanton, und ›die Schwyz‹, der Bund, haben es gar nicht nötig und kommen gar nicht auf die Idee, ein Denkmal, Mahnmal, Ehrenmal zu errichten. Und vermutlich würde ein etwaiger entsprechender Gedanke, von ›denen in Bern‹, den bundesstaatlichen Organen, geäußert, an harten Kompetenzkonflikten mit den staatlichen Organen des autonomen Kantons Schwyz und den nicht minder ihrer souveränen Rechte bewußten Organen der Gemeinde Schwyz scheitern; und dieses ausgewogene, spannungsreiche, lebendige Kräftespiel ersetzt ein Denkmal, Mahnmal, Ehrenmal, indem es einfach da ist und funktioniert, den Beteiligten selbstverständlich, für uns sehr lehrreich, sehenswerter, staunenswerter, bewundernswerter als Berge, Seen, Ausblicke und Panoramen.

Und so sitzen wir auf dem stillen Dorfplatz von Schwyz mit dem Blick auf Rathaus und Kirche und schlendern dann hinüber zum Regierungshaus und zum Bundesbriefarchiv, mit jenem lässigen, entspannten, lockeren Gang, der uns als Besucher, als Ferialwesen kennzeichnet, und fühlen: Wir sind in einem Dorf, das Dorf sein und Dorf bleiben will. Die Häuser sind nicht aneinander gebaut; jedes steht für sich, fest und frei auf eigenem Grund, auf seiner ›Matte‹, Bestandteil, nicht Widerpart der Landschaft. Und nun gibt uns Schwyz eine neue Erkenntnis dessen, was in der Schweiz anders ist als anderswo: daß hier die Häuser, auch in den Städten, zahlreicher sind, die derart ländlich-dörflich-selbstherrlich einzeln stehen, mit Raum und Luft um sich – daß die kleine Einheit sich hier auch im Bild der Siedlungen stärker behauptet, daß man das Dorf in die Stadt hineingenommen hat. Und wir verstehen nun auch, warum das neu erstellte Bundesbriefarchiv, das Dokumente birgt, die wir als ›heilig‹ bezeichnen würden, wie eine Scheune aussieht, denn dies ist die Form, in der die Bauern bergen, was sie schätzen, was sie schützen und bewahren wollen.

Wir lernen hier das Volk der Hirten kennen.

Wir haben lange überlegt und erwogen (die Schweizer würden sagen: gerätselt), wie wir wohl die Städte Basel und Zürich definieren und von einander unterscheiden sollen. Und wir sind auf unsere Annäherungs- und Entdeckungsfahrt gegangen, um zu erfahren, wie es um die Schweiz bestellt ist und um die Schweizer, die wir gelegentlich ein wenig ironisch als ›Schwyzer‹ bezeichnen. Nicht in Basel und Zürich werden wir die erkennende Annäherung verwirklichen, sondern hier, am Endpunkt einer kleinen patriarchalischen Straßenbahn, im Dorf. Die Schweizer sind wirklich alle mehr oder weniger Schwyzer, mag ihr Heimatkanton auch sehr bevölkert und umfangreich, von Städten erfüllt und industrialisiert sein und aller neuzeitlichen Segnungen und Plagen teilhaftig; sie sind wesensmäßig Bauern und Hirten. Die Matte und das Dorf sind Quellen ihres Wesens. Die Gemeinde ist der Inbegriff ihres Bewußtseins, mag diese Gemeinde auch im Drang des Weltenlaufs groß und größer und übergroß geworden sein und Straßenbahnen benötigen, mehrere Bahnhöfe und zu wenige Parkplätze umschließen und über hunderttausend Einwohner zählen, sie bleibt doch, im guten und großen Sinn des Worts ein Dorf. So wie die wohlhabenden Bauern in ihren Dörfern längst über die zivilisatorischen Annehmlichkeiten der modernen Technik verfügen, haben die großen und größeren Dörfer namens Bern, Zürich, Lausanne, St. Gallen sich gewisse städtische Annehmlichkeiten und Behelfe zugelegt, aber sie sind eben, anders als Paris oder London, anders als Berlin oder Wien, als Mailand oder München, immer noch ihren Ursprüngen sehr nahe. Sie sind, auch als große Städte, noch Gemeinden, sie sind niemals und nirgends amorph, anonym, gestaltlos, sondern durchaus strukturiert. Die Demokratie, die von unten her gewachsen ist, reicht von oben, wo sie angelangt ist, immer noch bis hinunter, in die Kreise und Bezirke der Städte, die selbständig in das Kräftespiel der Wahlen und Abstimmungen und kommunalen Angelegenheiten einbezogen sind, in diesem Kräftespiel Kraft gewinnen und sich selbst erfahren.

Der alte Faust, der in der vorletzten Szene des zweiten Teils die Erde bearbeitet und zähmt, der den Ehrgeiz hat, dadurch ›vielen Millionen‹ die Möglichkeit zu geben, ›nicht sicher zwar, doch tätig-frei zu wohnen‹, der in seinen vielzitierten abschließenden Versen den ›Gemeindrang‹ preist:

> Ja, diesem Sinne bin ich ganz ergeben,
> Das ist der Weisheit letzter Schluß:
> Nur der verdient sich Freiheit wie das Leben,
> Der täglich sie erobern muß
> Und so verbringt, umrungen von Gefahr,
> Hier Kindheit, Mann und Greis sein tüchtig Jahr.
> Solch ein Gewimmel möcht’ ich sehn,
> Auf freiem Grund mit freiem Volke stehn . . .

der alte Faust hätte, an diesem kritischen Punkt seiner Entwicklung angelangt, durchaus Gelegenheit gehabt, seinen Wunsch zu verwirklichen. Er hätte, statt die Vision des tätig freien Lebens Vision sein zu lassen, nur den Vorhof des Palasts zu verlassen brauchen, um sie in die Tat umzusetzen. Er hätte seiner letzten großen Rede eine andere Wendung geben können, etwa:

> . . . auf freiem Grund mit freiem Volke stehn,
> In tüchtig schaffendem Bemühn
> Des kleinen Lebens große Kreise ziehn,
> Im regen Miteinander vielfach waltend,
> Im Widerstreit die Einheit kraftvoll haltend,
> Verbriefter Rechte Wahrung kühn erreichen,
> Kein Untertan, ein Gleicher unter Gleichen.
> Der Wert des Großen scheint mir nun so klein,
> Was bisher klein schien, scheint so groß zu sein,
> Auf satter Alm, ein Hirte unter Herden,
> Will ich ein Schweizer Eidgenosse werden.

Er hätte sich hierauf auf schnellstem Weg in die Schweiz be-geben, die damals schon dreizehn Kantone vereinigte. Die Tra-gödie hätte damit unter Umständen kurz vor dem Ende ihres zweiten Teils aufgehört, eine solche zu sein. Jedenfalls wäre sie radikal anders weiter und zuende gegangen. Faust hätte sich um das Bürgerrecht von Schwyz, Luzern, Glarus, Zürich oder Bern beworben, wäre – wie wir ihn kennen – in die Auseinanderset-zungen der Reformationswirren einbezogen, also doch vom tätig produktiven Dienst an der Erde abgehalten worden. Oder: die Behörden hätten – wie wir sie kennen – dem Ausländer Dr. Heinrich Faust die Niederlassung und Einbürgerung so sehr erschwert, daß die Geschichte des faustischen Menschen als Tragödie der Bürokratie ausgeklungen wäre.

»Wenn ich den Schweizer Bürgerbrief in Händen habe, werde ich zum Augenblicke sagen: ›Verweile doch, du bist so schön!‹«, mag Faust in einer neuen Schluß-Szene des zweiten Teils der Tragödie ankündigen. Und Mephistopheles müßte daraufhin einsehen, daß er das Spiel verloren hat, und blamiert zur Hölle fahren.

Das Zulängliche, hier wird's Ereignis

Wie immer der veränderte ›Faust‹, wenn er gegen Schluß ins Schweizerische hinüberspielte, ausgehen mag: von den abschlie-ßenden Versen der Tragödie wird nur weniges für die neue Version brauchbar sein. Ganz besonders aber hätten die Zeilen »Das Unzulängliche, hier wird's Ereignis« jeden Sinn verloren und müßten sich angesichts der Schweiz in ihr Gegenteil ver-kehren.

Man wird nämlich im Umgang mit Schweizern und ihrem Land an seinem bisherigen Weltbild irre: man verliert den Glauben an die menschliche Unzulänglichkeit.

Rund um die Schweiz ist längst die Regel Ausnahme und die Ausnahme Regel geworden. Pünktlichkeit, Exaktheit, Verläß-lichkeit, Vertragstreue können nicht selbstverständlich voraus-gesetzt werden, sondern erwecken, sofern man ihnen begegnet, dankbar ungläubiges Staunen. Es ist ganz allgemein so, wie es ein witziger Zeitgenosse im Hinblick auf einen notorisch ver-logenen Bühnenverleger einmal formulierte: »Neulich hab' ich ihn bei einer Wahrheit ertappt.«

In der Schweiz ist die Redlichkeit Grundfarbe aller Zustände und Beziehungen; die Trumpfkarte der Unredlichkeit sticht nicht einmal, wenn sie ausnahmsweise ausgespielt wird.

Ein Amerikaner, der von einer Firma geprellt wurde, indem sie ihm eine vergleichsweise mindere Leistung um einen vergleichsweise hohen Preis angehängt hat, ärgert sich über sich, nicht über die Firma; er wird vermutlich sogar dazu neigen, Aktien dieser Firma zu kaufen, weil es ihm imponiert, daß sie schlauer war als er. Ein geprellter Schweizer, der ein minderwertiges Schweizer Erzeugnis (sofern es das gibt!) gekauft hat, ist nicht gegen sich, sondern gegen die Firma erbittert. Nicht nur der materielle Verlust (der freilich auch!) nagt an ihm, sondern der durch Unredlichkeit gesetzte Tatbestand antihelvetischer Umtriebe.

In der Schweiz ertappt man Land und Leute auf Schritt und Tritt bei Wahrheiten. Man schüttelt den Kopf: der Fremde tut dies angesichts der schier unfaßlichen Übereinstimmung zwischen Wort und Tat, Ankündigung und Ausführung. Zuverlässigen Berichten zufolge sind hier sogar Spediteure, Automechaniker und Tischler mehrheitlich pünktlich, zumindest verläßlicher als irgendwo sonst im Umkreis.

Briefe werden in der Regel beantwortet. Wo gibt's das heute noch?

Ehrlichkeit und Redlichkeit haben ein Ausmaß, das an Phantasielosigkeit zu grenzen scheint. Ausländer und Einheimische alternieren im Schütteln der Köpfe, denn diese schütteln diese, wenn ganz ausnahmsweise etwas nicht klappt.

In der Schweiz wird man nicht überfordert, nicht hereingelegt. In der Schweiz ist ein Verlaß drauf, daß auf die Schweiz und auf die Schweizer ein Verlaß ist. In der Schweiz trügt der Schein nicht, er deckt sich exakt mit der Wirklichkeit (es sei denn, daß der Schein untertriebe). In der Schweiz klafft kein Abgrund zwischen ›pays legal‹ und ›pays réel‹. Die Schweiz stimmt.

Zwei Institutionen erreichen hier ganz besondere, sozusagen hochalpine Gipfelhöhen der Exaktheit: die Bahnen und das Postwesen.

Im Widerstreit der Anschauungen über Vor- und Nachteile der Verstaatlichung beziehungsweise Privatwirtschaft hat die Verstaatlichung zwei gewaltige Trümpfe auszuspielen: Erstens die unschätzbare Überlegenheit des staatlich gelenkten zentraleuropäischen Fernsehens über den privatkapitalistischen zentraleuropäischen Film – zweitens die Schweizerischen Bundesbahnen.

Wenn einmal im großen Kreislauf des gestirnten Himmels etwas nicht recht klappen will, sagt man dort oben vorwurfsvoll: Nehmt euch doch ein Beispiel an den Schweizerischen Bundesbahnen!

Wenn ein Zug auf einem Bahnhof um sechzehn Uhr drei eintreffen soll, man sieht auf die Uhr, sie zeigt sechzehn Uhr vier, und der Zug ist noch nicht da, dann ist's entweder kein Schweizer Zug oder keine Schweizer Uhr.

Die Schweizerischen Bundesbahnen, im allgemeinen Sprachgebrauch SBB genannt, sind das Urbild eines wohlfunktionierenden Kosmos. Und dazu gehört, daß sie diese ihre Vollkommenheit nicht affichieren, sondern in lockerer Selbstverständlichkeit darbieten – wie man ja auch den großen Solisten daran erkennt, daß er sich über alle technischen Voraussetzungen erhebt und den Verdacht, das, was er vollbringt, könnte schwierig sein, gar nicht aufkommen läßt.

Die Schweiz ist ein Land der Eisenbahnen, auch noch heute, da wir in das Benzinjahrhundert eingetreten sind. Gewiß sind auch die Straßen der Schweiz ganz in Ordnung. Aber sie sind nur hervorragend und nicht spektakulär. Sie sind nicht das, was die Schweizer Schokolade unter den Schokoladen, die Schweizer Konserven unter den Konserven, die Schweizer paketierten Suppen und Saucen unter den Suppen und Saucen, die Schweizer Uhren unter den Uhren der Welt sind. Sie sind nicht das Höchste. Sie sind nur hervorragend. Sie werden auch sorgfältig verbessert und ausgebaut und vermehrt. Doch fehlt hier, wie mir scheint, das Letzte, das Äußerste an Vollkommenheit – wie bis heute ja auch die Autobahnen noch fehlen und nur zögernd vorbereitet werden – und dies vielleicht nicht nur weil die Geographie viele wichtige Übergänge innerhalb des Landes nur wenige Sommermonate lang passierbar sein läßt. Es ist, als wollte das Land seinem vollkommenen Fortbewegungsinstrument nicht mehr Konkurrenz machen als unbedingt nötig, als wollte es nur ein Existenzminimum an Geld dafür ausgeben, um die Einnahmen seiner Bahnen zu verringern. Wenn uns die Schweiz so sehr das neunzehnte Jahrhundert tief in das zwanzigste zu tragen scheint, liegt dies nicht zuletzt am Stand und am Gewicht der Eisenbahnen.

Sie sind durchaus nicht alle im Verband der SBB vereinigt. Die Geschichte ihres Entstehens und der Auseinandersetzungen zwischen Staatsbahnen und Privatbahnen ist sehr dramatisch gewesen, aber längst in ein großes harmonisches Miteinander eingemündet, an dem auch die Autobuslinien und die Schiff-fahrtslinien gleichberechtigt partizipieren. An den Waggons sehen wir noch die Initialen großer und kleiner privater Gesellschaften, die an der Symbiose teilhaben: BLS (Bern–Lötschberg–Simplon), BT (Bodensee–Toggenburg), EBT (Emmental–Burgdorf–Thun), OJB (Oberaargau–Jura), MOB (Montreux–Oberland), VZ (Visp-Zermatt) und viele andere ... die vertraute Chiffre GBS bezeichnet hier keinen irischen Witzbold, sondern die Gürbetal–Bern–Schwarzenburg-Bahn mit den beiden Linien Bern–Fischermätteli–Schwarzenburg und Bern–Belp–Thun. TB ist keine tückische Krankheit, sondern die Bahn von St. Gallen nach Trogen.

In diesem wohlgeordneten Konzert spielen die SBB allerdings die erste Geige und geben den Ton an, ein lautes, vernehmliches ›Ah!‹, in das wir immer wieder bewundernd ausbrechen. Sie prägen den Charakter und die Besonderheit des Verkehrswesens, die sich schon in den Bahnhöfen unverwechselbar kundtun.

Der Schweizer Bahnhof liegt frei und offen da, er ist von den Straßen und Plätzen der Stadt oder Gemeinde nicht geschieden, sondern Bestandteil wie Märkte oder öffentliche Anlagen. Er ist der zivilste Bahnhof, den man sich denken kann. Die Übergänge zwischen dem Bahnhofsareal und dem Ort sind fließend; man verläßt den Bahnsteig via Unterführung und ist schon auf dem Bahnhofplatz, man betritt den Bahnsteig direkt unter Umgehung des Bahnhofsgebäudes, man ist noch in der Stadt, wenn man schon auf dem Bahnhof ist; da und dort ist man auch noch auf dem Bahnhof, nachdem man diesen verlassen hat, da Schienen, Bahnsteige und Züge über das Bahnhofsareal hinausquellen und den Vorplatz bunt garnieren, Nebenbahnen, Zweiglinien meist, so in Chur, in Brig, in Thun.

Die Bahn ist in die Städte, Städtchen und Gemeinden hereingenommen. Der Bahnhof weit draußen, ganz außerhalb, ist den Schweizer Bahnen fremd, der Bahnhof auf beherrschender Höhe selten (Neuchâtel, Lugano); meist sind die Linien raffiniert, kunstvoll bis weit ans oder ins Zentrum hin geführt, und das ist etwa in Bern, Luzern oder Zürich, aber nicht nur dort, ein Meisterstück.

In Schaffhausen dient eine Unterführungspassage mit Zugängen zu den Bahnsteigen gleichzeitig dem städtischen Fußgängerverkehr. Das Bahnhofrestaurant des Schweizer Bahnhofs (Bahnhofbuffet genannt) verköstigt nicht nur Reisende, sondern ist ein von den Bürgern aufgesuchtes, gelegentlich sogar besonders geschätztes Lokal. Anders als anderswo ist hier die Eisenbahn dem Organismus des Gemeinwesens dicht einverleibt: man lebt mit ihr in gemeinsamem Haushalt.

Die Institution der Bahnsteigkarten ist seit Urzeiten unbekannt. Frei kommt und geht man. Die Fahrtausweise (Billette genannt) werden erst im Zug durch die Schaffner (Kondukteure genannt) kontrolliert. Diese unterscheiden sich von ihren nicht-schweizerischen Kollegen dadurch, daß sie die bewußte Tasche an der Seite unsagbar tief unten tragen. Selbst wenn man dies längst weiß und darauf vorbereitet ist, staunt man jedesmal beim Anblick eines Schweizer Schaffners; denn es ist doch noch etwas tiefer unten, als man dachte.

Wenn der Kondukteur das Billett zu sehen begehrt, sagt er meist ein Wort, das wie ›Felix‹ klingt – eine durch übermäßigen Gebrauch verursachte Entstellung von ›gefälligst‹.

In der Schweiz kann man per Bahn (durch Schiff und Autobus ergänzt) von überallher überallhin besonders günstig und praktisch gelangen. Das Netz der Linien ist engmaschig, die Frequenz dicht, die Kombinationen zum Zweck der Verbilligung sind reichlich: Generalabonnemente, Retour-Billette, Sonntags-Billette, Rundfahrtbillette, Familien-Billette, Ferien-Billette, Kollektiv-Billette, Halbjahresabonnemente, Netzabonnemente, Streckenabonnemente und andere Möglichkeiten bieten sich an. Wenn der Begriff ›Dienst am Kunden‹ noch nicht geprägt wäre, müßte er für die Schweizer Verkehrsmittel erfunden werden.

Man bekommt die Fahrtausweise welcher Art immer von überallher überallhin an jedem Schalter, also nicht nur etwa in Basel für alle erdenklichen Reisen, die von Basel ausgehen. Ich habe auf den Schweizer Bundesbahnen gespielt wie auf einem Instrument, und sie haben in allen Lagen angesprochen. Ich habe in Basel eine gedruckte Fahrkarte Olten–Bern–retour und in Interlaken eine gedruckte Fahrkarte Spiez–Thun–retour gelöst! Wer eine Rückfahrkarte besitzt und auf einem anderen Weg als ursprünglich geplant zurückzufahren wünscht, teilt dies am Billettschalter mit. Dieser ist, beispielsweise, in Basel durchaus darauf vorbereitet, daß ein Reisender aus Zürich von Basel nicht direkt nach Zürich, sondern über Bern oder über Schaffhausen nach Zürich zurückzufahren wünscht. Sämtliche Varianten des Umdisponierens sind in das System der Fahrkartenausgabe planend einbezogen. Wer und was sich alles an den Schweizer Bundesbahnen ein Beispiel nehmen sollte, müßte und könnte – das wäre eine abendfüllende Aufzählung!

Die Pünktlichkeit der SBB ist wahrhaft königlich, sie ist gleichzeitig ein Wunder und doch ganz von dieser Welt. Sie ist der ideale Nullpunkt, der Meridian gewissermaßen, an dem sich andere Pünktlichkeiten zu orientieren, an dem Abweichungen gemessen zu werden vermögen. Sie ist der Polarstern, auf den hin wir den Sextanten unserer Fahrten durch die unordentliche Tagtäglichkeit ausrichten. Sie gewährt uns die trostreiche Erkenntnis, daß die Übereinstimmung von Plan und Einhaltung, von Gedrucktem und Gelebtem im großen Rahmen aller irdischen Fehlbarkeiten denkbar ist.

Diese Bundesbahn besiegelt in ihrem perfekten Funktionieren den Bund zwischen dem Menschen und der Technik.

Sie versteht sich von selbst. Drum geschieht auch die Abfahrt eines Zuges in einem Schweizer Bahnhof anders als sonst die Abfahrt der Eisenbahnzüge, nämlich sehr unauffällig. Wenn der

Uhrzeiger die betreffende Minute erreicht hat, setzt sich der Zug in Bewegung. Darauf braucht nicht besonders hingewiesen zu werden. Was sollte er sonst tun? Es steht ja so im Fahrplan.

Wenn wir diese Leistung als eine solche bezeichnen und ihr einen Hymnus weihen, ist dies nicht allein durch sie bestimmt, sondern auch durch die betrübliche Tatsache, daß sie Seltenheitswert hat. Die SBB (und die PTT, von denen noch die Rede sein wird) drücken besonders einleuchtend aus, was die Schweiz zu ihrem Vorteil von der Welt, in der wir zu leben verdammt sind, unterscheidet. Hier ist auch im Zeitalter der allgemeinen und speziellen Relativitätstheorie und -praxis zweimal zwei immer noch vier.

Die Bahnen der Schweiz sind längst elektrisch. Zur Stunde, da diese Zeilen geschrieben werden, kommt das Wort ›Dampf‹ im Amtlichen Kursbuch nur viermal vor: die schmalspurige Zahnradbahn von Brienz auf das Rothorn und die private Kleinbahn von Sursee nach Triengen, Fahrzeit zwanzig Minuten, werden mit Dampf betrieben, ferner die Sechs-Kilometer-Strecke von Etzwilen nach Ramsen und die Zwei-Kilometer-Strecke von Waldshut nach Koblenz an der deutschen Grenze, Anschlußstrecken an das mit Dampf betriebene deutsche Netz. Als letzte rein schweizerische Bundesbahnstrecke wurde die normalspurige Zwölf-Kilometer-Linie von Oberglatt nach Niederweningen am 29. Mai 1961 von Dampf auf elektrischen Betrieb umgestellt. Die Geschwindigkeit der Fortbewegung ist durch diese Vollelektrifizierung längst auf ein Maximum gebracht.

Um aber das Maß dieses Maximums vollzumachen, haben die SBB trotz (oder wegen) ihrer Kostspieligkeit und trotz der Konkurrenz des Benzinzeitalters seit zehn Jahren kein Defizit aufzuweisen, benötigen keine staatlichen Zuschüsse, konnten Reingewinne ausweisen und dem Bund für das von ihm seinerzeit zur Verfügung gestellte Dotationskapital sechzehn Millionen Franken an Zinsen bezahlen.

Daß die Schweiz so übersichtlich daliegt und ihrer übermäßigen Gebirgigkeit zum Trotz eine große Einheit darstellt, daß man so mühelos von einem Punkt zum andern gelangt und selbst von einem Ende zum andern, daß an jedem dieser verschiedenartigen Punkte alle anderen mit gegenwärtig scheinen, die Städte auf den Pässen, das Zentrum an den Rändern, die Südlichkeit im Norden, die Westlichkeit im Osten . . . daß die Vielfalt niemals den Charakter der Einheit verliert . . . all dies verursachen die Schweizer Bahnen gewiß nicht, aber sie fördern, betonen, unterstreichen es.

Man ist bereit, eine weite Reise auf sich zu nehmen, um nach Deutschland zu gelangen; aber daß man dann von Frankfurt nach Hannover wieder stundenlang fahren muß, nimmt man übel. Man ist bereit, viele Stunden in der Eisenbahn zu sitzen, um nach Österreich zu kommen; aber was muß man dann alles hinnehmen, um von Innsbruck nach Graz zu gelangen?! Man findet sich damit ab, daß man viel Zeit braucht, um Amerika zu erreichen; aber man möchte dann weniger Zeit für die Reise von Boston nach Cincinnatti brauchen.

In der Schweiz fällt diese zusätzliche Belastung fort. Man kann sozusagen an jedem Ort der Schweiz frühstücken und an jedem beliebigen anderen Ort der Schweiz mittagessen. Weit ist's nur in die Schweiz, nicht in der Schweiz.

Einer der schönsten Züge im Gesicht der Schweiz sind sicherlich die Schweizer Züge, die nicht nur von der Geographie profitieren, sondern sie auch zähmen und uns die beruhigende Gewißheit vermitteln, daß das Selbstverständliche immer noch selbstverständlich sein kann, was längst nicht mehr selbstverständlich ist.

Die Vergangenheit hat noch nicht aufgehört

Wir sind bei Basel in die Schweiz eingetreten, von dort nach Zürich und von dort an den Vierwaldstättersee vorgedrungen. Wir wollen uns nun Bern zuwenden, und diese Wendung ist nicht willkürlich oder zufällig. Denn der Vierwaldstättersee ist der Kern und Bern ist das Zentrum der Schweiz, nicht so sehr geographisch als politisch.

So wie mit Schwyz verhält es sich auch mit Bern. Man kann dreierlei meinen, wenn man diesen Namen ausspricht. Bern – das bedeutet eine Stadt, einen Kanton und ›den Staat‹, der in der Schweiz ›Bund‹ oder ›Eidgenossenschaft‹, niemals ›der Staat‹ und kaum je ›die Schweiz‹ genannt wird.

In Bern sitzen dreierlei Behörden, dreierlei Regierungen. Bern ist die Hauptstadt von Bern und die Hauptstadt der Schweiz. ›Die in Bern‹ sind die, auf die man schimpft. Wenn man in Glarus, Bellinzona und Lausanne auf sie schimpft, meint man die ›eidgenössischen‹ Behörden. Wenn man in Porrentruy, St. Imier, Biel, Meiringen oder Zweisimmen auf sie schimpft, meint man entweder die eidgenössischen oder die kantonalen Behörden. Und man schimpft gerade im Kanton Bern besonders kräftig, insbesondere im französischsprechenden Gebiet des Jura, wo starke autonomistische Tendenzen herrschen, gewisse Bevölkerungsteile ›los von Bern‹ möchten und einen selbständigen Kanton ›Jura‹ anstreben. Wie es die Bürger von Bern anstellen, wenn sie auf die eidgenössischen oder kantonalen Behörden schimpfen, was sie zweifellos tun, weiß ich nicht. Sie können als Berner doch nicht gut gegen ›die in Bern‹ sein; aber sie werden schon einen Modus finden, um ihrem Unmut Luft zu machen.

Wir wollen aber nicht bei diesem Schimpfen, dem großen einigenden Band der Eidgenossen, verweilen, wir wollen auch den Kanton Bern vorläufig ebenso überspringen wie die Sprache der Berner. Wir wollen die Stadt Bern ansehen, die Hauptstadt, die – wie in den Niederlanden und in den Vereinigten Staaten – nicht die größte Stadt ist und sich daher ihren besonderen hauptstädtischen Aufgaben auf besondere Weise widmen kann.

Ich habe mir vorgenommen, mit den Vokabeln ›behäbig‹ und ›bedächtig‹ sparsam umzugehen; doch wird mir dies bei der Darstellung dieser Stadt und ihrer Bewohner nicht leichtfallen.

Die Berner sind Schweizer im Quadrat. Sie wirken auf ihre Landsleute so, wie alle Schweizer auf die Nichtschweizer wirken. Der Berner ist eine klassische stehende Witzfigur wie der Schotte, der kleine Moritz, wie Marius, Mikosch, Klein-Erna, Tünnes und Scheel, Graf Bobby. Der Berner gilt als besonders langsam. Über einen Witz, den er abends gehört hat, lacht er morgens beim Erwachen. Wenn er nach dem Abspringen bis drei zählen und dann den Fallschirm öffnen soll, kommt er mit geschlossenem Fallschirm auf der Erde an und sagt dann nach einiger Zeit »Drei«. Wenn ein Besucher vor dem Eintreten angeklopft hat, sagt der Berner erst »Herein«, nachdem der Besucher schon wieder gegangen ist. Als ein Berner viele Monate nach der Hochzeit seine Ehe noch nicht konsumiert hatte, sagte er auf die Vorhaltungen der Angehörigen: »Ich hab' nicht gewußt, daß es so pressiert.« Solche und ähnliche Scherze haben gewiß ihre Entsprechung in der bernischen Wirklichkeit. Doch möchte ich nicht sagen, daß die Berner besonders langsam sind. Sie lassen sich nur Zeit. Sie sind behäbig und bedächtig.

Die Schauspieler kennen bei heiteren Stücken die Institution der sogenannten Lachpause. Man darf nach einer Pointe nicht sofort weiterreden, man muß vielmehr innehalten, bis der Witz im Publikum ›gezündet‹ hat. Dies dauert in der Regel so lange, als man braucht, um innerlich ›einundzwanzig‹ zu sagen. Von Schauspielern, die auf Tournee in die Schweiz gehen, weiß ich, daß man dort nicht mit ›einundzwanzig‹ sein Auslangen findet. In Basel und Zürich, Winterthur und St. Gallen muß man innerlich ›einundzwanzig, zweiundzwanzig, dreiundzwanzig‹ sagen – dann lacht das Publikum – in Bern aber muß man das innerliche Zählen bis ›fünfundzwanzig‹ fortsetzen.

Immerhin haben aber die Berner in all ihrer Langsamkeit allerlei zustandegebracht. Ihr Tempo scheint weniger ein Defekt als eine Haltung zu sein, und eine Haltung, die sich von all dem, was uns für Schweizer charakteristisch scheint, nicht unterscheidet, sondern all das betont, unterstreicht, zuendedenkt. Bern, die Stadt, liegt so fest und statisch da, scheint bei aller pulsierenden Lebendigkeit und aller zeitbedingten Modernisierung so konstant und gelassen (um nicht zu sagen: bedächtig und behäbig) wie sein musikalischer Ausdruck, der Bernermarsch, der am Ort zu verharren scheint und doch unaufhaltsam unwidersprechbar vorwärtsschreitet. Man kommt mit dem Fahrrad schneller voran als mit der Straßenwalze – aber wer wollte sich der Straßenwalze entgegenstellen?

So ist es ganz richtig, wenn in der Halle des Bundeshauses zu Bern zwei Bären das Schweizer Wappen halten.

Dieses Bundeshaus, eher neu, noch nicht ehrwürdig, aber glücklicherweise doch alt genug, um gerade noch respektabel zu wirken und den Geschmack nicht übertrieben zu beleidigen, profitiert von der besonderen Lage der Stadt und hebt sich charakteristisch aus ihrem Gewimmel.

Die Aare, die hier von Süden nach Norden fließen will, wird in diesem Vorhaben behindert, muß in der Form eines U östlich ausweichen, ehe sie die ursprüngliche Richtung wiedergewinnt. Innerhalb dieses U liegt die eigentliche Stadt, und da die Aare sich sehr tief hinunter in die Erde gefressen hat, liegt diese eigentliche, halbinselartig umflossene Stadt hoch, beherrschend hoch. Bern schaut auf die Aare, und nicht nur auf sie, hinunter. Und das Bundeshaus, das man stadtseitig gewissermaßen zu ebener Erde erreicht, liegt flußseitig wie hoch oben, ein Kastell wider Willen mit dem Blick auf die Alpen, die hier schon viel näher sind als vom U der Stadt Zürich.

Auch in Bern ist die Eisenbahn raffiniert bis in die Stadt hineingekünstelt. Wenn man den Bahnhof verläßt (eigentlich sogar schon vorher), ist man mitten in der Stadt, die sehr alt, also sehr eng ist, also zu manchen Tageszeiten von Gedränge erfüllt, doch von Schweizer Gedränge, von gesundem, bedächtigem Gedränge. Die Eile ist hier weniger eilig, der Lärm ist hier leiser als anderswo.

Es ist nicht einfach, sich in Bern zurechtzufinden. Auf den ersten Blick ähnelt hier alles einander. Da sind zwei Türme, die man mit einander verwechselt, obwohl der eine weniger bedeutend, der andere jedoch das ehrwürdige Wahrzeichen namens Zeitglockenturm ist. Da ist die Aare, an der man sich nicht orientieren kann, weil sie mehrmals die Richtung wechselt und allgegenwärtig ist. Man wendet ihr beim Münster den Rücken, geht zum Rathaus hinüber, da ist sie schon wieder.

Da sind aber vor allem die Lauben, die der Innenstadt ihre ganze Eigenart verleihen, aber die Individualität der Straßenzüge reduzieren.

Die Laubengänge sind die Freude des Fußgängers bei Regen. Und Bern ist regnerisch. Hier gilt, wie in Hamburg und Salzburg, die Regel: Wenn's morgens schön ist, wird's im Lauf des Tages häßlich; wenn's morgens häßlich ist, bleibt's häßlich.

Die Laubengänge der Berner Innenstadt sind stabile, eingebaute Regendächer. Die Gehsteige sind Bestandteile der Häuser, die Straße ist gewissermaßen in die Tiefe gestaffelt. Der Fußgänger hat nicht nur an der einwärts verschobenen Front des Hauses die üblichen Schaufenster neben sich, sondern auch straßenseitig Schaukästen und Verkaufsstände. Der überdachte Gehsteig ist eine Straße innerhalb der Straße. Die eigentlichen Straßenfronten der Häuser ermangeln der üblichen allgemeinen Sichtbarkeit. Sie sind seltsam wuchtig, sie sind mehr Fassaden als Fronten, glatt, sehr altertümlich mit ihren vorspringenden Dächern. Sie sind bernisch, indem sie ländlich, bäuerlich, rustikal wirken, an Scheunen gemahnen. Ihre Strenge wird ausgeglichen durch die Vielzahl der Brunnen mit ihrer anheimelnden Farbigkeit.

Was hier durch topographische Besonderheit geprägt wurde, wirkt, als wäre es immer schon so gewesen und müßte immer so bleiben. Wer dieses Bern einmal, sei's auch vor langer Zeit, kennengelernt hat, wird es stets kaum verändert wiederfinden. Die Stadt wächst, dehnt sich aus, sie setzt Ringe an, sie verändert sich jenseits des U-Bogens der Aare – doch das eigentliche Bern bleibt davon unberührt. Wenn Bern je eine Großstadt oder Weltstadt werden sollte, wird in seiner Mitte stets dieses Städtchen fortbestehen.

Bern hat innerhalb der Schweiz die Funktion, welche die Schweiz innerhalb Europas auszeichnet: Beharren inmitten des Wechselnden. So ist Bern auch ein naturgegebenes Zentrum großer Organisationen, die auf Stetigkeit Wert legen: des Weltpostvereins und des Verbands zum Schutze von Werken der Literatur und der Kunst.

Anders als Basel und Zürich, die durch heftig wetteifernde Abstoßung an einander gebunden sind (wie auch Lausanne und Genf), ist diese fünfte unter den großen Städten der Schweiz nicht ehrgeizig, es anderen gleichzutun oder andere zu überflügeln. Sie liegt da und ist. Sie setzt sich als gegeben voraus und erfüllt sich darin. Sie bezieht innere Kraft aus ihrer stolzen Geschichte. Anderswo hat die Zukunft schon begonnen. Hier hat die Vergangenheit noch nicht aufgehört.

Jeder andere Schweizer muß gelegentlich nach Bern fahren, muß sich mit Bern immer wieder auseinandersetzen. Der Berner kann in Bern bleiben, was immer er zu erledigen hat. Berner sein heißt seßhaft sein. In Bern gibt es Patrizier und sogenannte Adelige, und das hat mit Berns Geschichte zu tun. Aber das Höchste ist längst der Titel des Bürgers von Bern (hier ›Burger‹ genannt) geworden. Dieser Burger verbindet in besonderer Form das Rustikale mit dem Patriarchalischen. Wenn die Schweizer ein Volk von Hirten sind, darf man dabei niemals das Rustikale mit dem Bukolischen verwechseln. Die Schweizer, sonderlich die Berner, sind unbukolische Hirten. Und die Berner sind auch das extreme Gegenteil von Emporkömmlingen. Weil der Berner sich so sehr Zeit läßt, ist er noch nicht ganz aus dem Mittelalter entlassen.

In Bern sind viele Ausländer wohnhaft, da die diplomatischen Vertretungen dies erfordern. Durch Bern kommen auch viele Passanten und Touristen, da die Wege zu prominenten Bergen und Seen der inneren Schweiz über Bern führen. Und doch ist Bern gegen alles Fremde, sei es eidgenössisch oder ausländisch, immun und lebt sein eigenes bernisches Leben: gelassen, bedächtig, behäbig, unbeirrbar, geruhig, sich selbst zugewandt, sich selbst genügend, in sich ruhend.

Um die Mitte des vorigen Jahrhunderts wurde in der Schweiz eine große Vereinheitlichung und Anpassung der äußeren Formen mühsam und kompliziert und zeitraubend durchgeführt. Sehr spät wurde im Rahmen dieser Maßnahmen erst 1894 die mitteleuropäische Zeit für verbindlich erklärt. Man hatte sich bis dahin an die sogenannte ›Berner Zeit‹ gehalten, die um eine halbe Stunde hinter der mitteleuropäischen Zeit zurückgeblieben war. Die Zeiger der Uhren sind längst um eine halbe Stunde vorgerückt, aber innerlich hat Bern die Umstellung noch nicht ganz vollzogen, seine besondere, antimitteleuropäische Zeit noch nicht überwunden. Der Berner hat nicht das Gefühl, zu spät dran zu sein. Mitteleuropa ist zu früh dran. Der Berner läßt sich seine Zeit, er vertraut darauf, daß er dabei nichts versäumt, und wenn wir ihn fragen, hat er sich damit noch kaum je getäuscht.

Die unheilige Allianz

Wer die Schweiz verstehen will, muß Bern kennen. Man kann aber jahrelang in Bern leben, ohne Bern wirklich kennenzulernen.

Wer die Schweiz verstehen will, muß die Wurzeln ihrer Besonderheit aufdecken. Er muß das Wechselspiel zweier solcher Wurzeln würdigen und sich dabei vor dem Trugschluß hüten, daß sie eine einzige wären: Demokratie und Föderalismus.

Es gibt auch zentralistische Demokratien und undemokratische Föderalismen. Die besondere schweizerische Demokratie ist mit der politischen Lebensform anderer Nationen vergleichbar. Der schweizerische Föderalismus ist jedoch einzigartig. Die Schweiz ist noch gar nicht so lange, als man gedankenlos meinen könnte, demokratisch. Schiller hat unsere Gedankenlosigkeit gefördert, indem er den ›Wilhelm Tell‹ mit den Worten ausklingen läßt: »Und frei erklär’ ich alle meine Knechte.« Die totale Verwirklichung dieses frommen Wunsches hat mehr als fünfhundert Jahre auf sich warten lassen und war auch zur Zeit der Niederschrift des ›Wilhelm Tell‹ noch keineswegs vollzogen.

Die Demokratie der Schweiz ist langsam und zögernd und gegen heftige Widerstände gewachsen. Der Föderalismus der Schweiz ist immer gewesen.

Ist die Schweiz ein Bundesstaat, ist sie ein Staatenbund? Die Antwort lautet: sowohl als auch weder noch. Sie ist die Schweiz. Dem Geist ihrer etwas über hundert Jahre neuen Verfassung nach ist sie ein Bundesstaat; aber die mehr als fünfhundert Jahre des Staatenbundes liegen ihr noch tief im Blut. Sie nennt sich mit

Recht ›Eidgenossenschaft‹, denn sie entstand auf engem Raum in kleinem Rahmen durch feierliche freie Übereinkunft auf genossenschaftlicher Basis. Sie entstand jenseits der Herrschaft von oben, gegen die Herrschaft von oben als Bund gleichberechtigter Freier, die ihre Freiheit absolut setzten, indem sie den Bund begründeten. Sie empörten sich gegen die Obrigkeit und wollten sie abschütteln und gegen keine wie immer geartete, wäre sie auch aus der eigenen Gemeinschaft gewachsen, eintauschen.

Die Beziehungen der Glieder dieses Bundes gleichen der Ehe, deren Partner die Kirche und das Standesamt ausschließen und einander im Namen Gottes die Trauscheine ausstellen. Sie wollen Brüder sein, doch mit Ausschluß der Privilegien eines älteren Bruders. Sie sind einzeln, bleiben einzeln, aber sie sind mit einander im Bund. Sie wachen eifrig darüber, daß ihnen der Bund nicht über den Kopf wächst, daß er Form bleibt und nicht Inhalt wird. Jedes Glied des Bundes ist sich selbst Staat und gibt nur widerwillig ein Minimum seiner Souveränitätsrechte an die Gemeinschaft der Verbündeten ab. Wie in jeder, auch in der besten Allianz, wie in jeder, auch in der harmonischsten Ehe, sind Auseinandersetzungen an der Tagesordnung.

Es geht ja gar nicht darum – doch um das völlig zu verstehen, muß man den Föderalismus seit Jahrhunderten im Blut haben – es geht gar nicht darum, Auseinandersetzungen auszuschalten und zu vermeiden; es geht um die Formen und den Geist ihrer Austragung. Die Allianz ist eben darum so dauerhaft und wetterfest, weil sie niemals eine heilige sein wollte, sondern im Gegenteil ganz weltlich, diesseitig und realistisch ist. Schon vor der Reformation wurde die Schweiz immer wieder von heftigen kriegerischen Auseinandersetzungen zwischen Schweizern erschüttert, die Fronten wechselten, die Kämpfe dauerten bis weit in das neunzehnte Jahrhundert hinein, der innere Friede war nicht vorgegeben und mußte immer wieder neu gestiftet werden, und das Verbindende war eben so stark, daß es immer wieder über aktuell Trennendes triumphierte. Die Schweiz kämpfte gegen die Schweiz, aber immer blieb die Schweiz siegreich.

Wenn wir Nichtschweizer von der großen europäischen Einheit träumen, schweben uns, den dilettantischen Anfängern des übernationalen Zusammenlebens, idealisch friedliche Paradieseswonnen der Einigkeit vor, und das ist unser tragischer Irrtum. Es geht in der Schweiz seit 1291 wie in Europa von bestenfalls übermorgen nicht um absolute, ungetrübte, allgemeine, sondern nur um eine einzige spezielle Einigkeit, nämlich jene: daß man von Uneinigkeit zu Uneinigkeit trotzdem zusammenbleibt. Außerhalb der Schweiz trennen die Konflikte die Streitenden, in der Schweiz haben Konflikte immer wieder die Einheit gestärkt.

Die Schweizer Demokratie ist Mittel, der schweizerische Föderalismus ist Zweck.

Wenn ein Schweizer ›Regierung‹ sagt, meint er nicht die Landesväter im Bundeshaus, sondern die kantonale Exekutive, die Regierungen in den Kantonshauptstädten. Die Republik hat ihren Sitz eher überall dort draußen als hier im Zentrum; der offizielle Name Genfs etwa ist ›Republik und Kanton Genf‹. Ins Bundeshaus delegieren die verbündeten Republiken sozusagen Botschafter und Gesandte zur Wahrung ihrer Interessen in gemeinsamen Angelegenheiten. Und diese gemeinsamen Angelegenheiten sind erstaunlich begrenzt. ›Eidgenössisch‹, also gesamtschweizerisch sind Außenpolitik und Außenhandel, PTT und SBB, Münz- und Zollwesen. ›Staatlich‹ ist die Eidgenössische Technische Hochschule. Vom Recht der Gründung einer Eidgenössischen Universität hat die Eidgenossenschaft keinen Gebrauch gemacht. Die sieben Universitäten der Schweiz unterstehen den Kantonen wie alle anderen pädagogischen und kulturellen Institutionen. Die Einnahmen des Staats beschränken sich auf Zölle und indirekte Steuern. Dazu kam erst mit dem zweiten Weltkrieg die Wehrsteuer. Alle anderen Steuern sind Kantonssache. Selbst die Armee ist dezentralisierter, als man sich's vorzustellen vermag.

Bis zum Jahr 1912 gab es in der Schweiz kein einheitliches Zivilrecht. Bis zum Jahr 1942 gab es in der Schweiz kein einheitliches Strafrecht. Manche Kantone vollzogen die Todesstrafe, andere hatten sie abgeschafft. Die Strafsätze differierten erheblich, je nachdem, ob man ein Delikt diesseits oder jenseits einer Kantonsgrenze begangen hatte. In Graubünden beispielsweise war das Morden besonders ›billig‹. In zwei Kantonen (Uri und Nidwalden) gab es bis zur Einführung des Schweizerischen Strafgesetzes, also bis 1942, überhaupt kein kodifiziertes Strafrecht. Und noch heute hat jeder Kanton sein besonderes Zivilprozeßrecht und Strafprozeßrecht. Die Anwälte (in Bern und Solothurn ›Fürsprech‹ genannt) werden auf Grund sehr verschiedener Voraussetzungen kantonal approbiert. Hier genügt dazu eine halbjährige Praxis, dort ist eine zweijährige Praxis vorgeschrieben. Gewiß herrscht Freizügigkeit; der Anwalt aus dem

Kanton Thurgau darf in St. Gallen plädieren, aber er muß sich hierzu mit der dortigen Prozeßordnung vertraut machen.

Nur das Bundesgericht und das Versicherungsgericht sind ›eidgenössisch‹.

Und diese unübersehbare Vielfalt des Rechtswesens ist nur ein Beispiel unter unübersehbar vielen Vielfältigkeiten. Wir lassen die Sprache zunächst noch beiseite, denn wir wollen ihr erst im späteren Verlauf unserer Entdeckungsfahrt besonderes Augen- und Ohrenmerk schenken. Wir sehen auf allen, allen Gebieten das leidenschaftliche Beharren der kleinen Einheit an ihrem Besonderen.

Etwa: die Amtsbezeichnungen. Jede Republik hat ihre Verfassung und ihre besondere Nomenklatur. Was wir ›Bürgermeister‹ nennen, heißt in der Schweiz Stadtpräsident oder Gemeindepräsident oder Gemeindeammann oder ›syndic‹ oder ›président de la ville‹ oder ›podestà‹. Das kantonale Parlament heißt Großer Rat oder Kantonsrat oder Landrat. Die Kantonsregierung heißt Kleiner Rat oder Staatsrat oder Regierungsrat.

Die Lehrerwahl, die in der Schweiz besonders wichtig genommen wird, obliegt in manchen Gemeinden der Gemeindeverwaltung, also der Legislative, in anderen dem Stadtrat, also der Exekutive, einer eigentlichen Schulbehörde oder gar dem Volk.

Oder: das Brot. Jede Gegend der Schweiz hat ihre besondere Manier der Brote und Gebäcke. Man kennt große Laibe und kleines Gebäck verschiedenster Machart als Berner Brot, St.-Galler Brot, Basler Brot . . . man kennt die bestimmten Bäcker, die sich außerhalb der Ursprungsstadt solche besonderen Sorten herstellen, der Individualismus feiert beim täglichen Brot seine täglichen beneidens- und nachahmenswerten Orgien. Seit dem Februar 1961 gibt es ein Schweizer Einheitsbrot. Und wer die Schweiz kennt, kann sich vorstellen, welche langwierige Folge heikler und konfliktreicher interkantonaler Verhandlungen der endlich erzielten Einigung über das Wesen dieses Brots vorangegangen sein mag. Und natürlich wird dieses Einheitsbrot nicht etwa statt der bisherigen Sorten, nein, nur als weitere neben allen den anderen angeboten. Und natürlich kauft es kaum jemand, denn man bleibt dem bisherigen besonderen lokalgefärbten Spezialbrot treu.

Schließlich: auch die Trachten und Bräuche sind Ausdruck der autonomen Selbstbehauptung. Sie sind gewiß keine Schweizer Spezialitäten, sondern in vielen Staaten vielfach lebendig und werden da und dort auch in nicht gerade angenehmen Zusammenhängen betont und gefördert. In der Schweiz bedarf es der besonderen Förderung nicht, und der Verdacht reaktionärer nationalistischer Blut- und Boden-Brauchtums-Exzesse ist auszuschalten. Hier erleben Tal, Dorf, Landschaft und auch Stadt sehr selbstverständlich ihre von altersher überkommenen Besonderheiten. Die Basler Fasnacht haben wir schon erwähnt. Der Stadtteil Kleinbasel jenseits des Rheins nimmt sie vorweg, indem er im Januar seinen ›Wilden Mann‹ rheinabwärts schickt und vom ›Vogel Gryff‹ und ›Leuen‹ empfangen läßt. Zürich feiert am 2. Januar den Bertholdstag und treibt im Frühjahr zum ›Sechseläuten‹ den Winter aus, indem es auf einem Platz nächst dem See einen personifizierten Winter, den ›Böögg‹, unter klingendem Spiel verbrennt. Bern hat seinen traditionellen ›Zwiebelmarkt‹. Im Entlebuch (Luzern) gibt es ein Frauenschießen in der Landestracht, in Beromünster (Luzern) einen Auffahrtsumritt, in Urnäsch (Appenzell) ziehen junge Leute am ›alten Silvester‹ als ›Kläuse‹ mit Masken, Glocken und riesigen, reichverzierten Hüten von Hof zu Hof. Durch das Lötschental (Wallis) stürmen im März teuflische Masken, ›Roitschäggätä‹ (die Rauchgescheckten) genannt. Viele Gegenden, besonders in der Innerschweiz, haben ihre besonderen Fastnachtsbräuche. So ziehen am Donnerstag vor der Fastnacht ›Nüßler‹ durch die Straßen von Schwyz und werfen trommelnd Nüsse aus. Und in Einsiedeln ist an diesem Tag Kinderfastnacht; die Jugend legt ihre überlieferten Masken an: den Teufel, den Fuhrmann und andere. Weniger abschreckend als die anderen Larven und Masken sind die ›Röllelibutzen‹ in Altstätten (St. Gallen) mit ihren bunten Blusen, Rohrstiefeln und reichverzierten Hüten; sie haben Schellen am Leib und klingeln wie fahrende Schlitten. Nach Ostern erscheinen in Effingen (Aargau) die ›Schnäggehüsler‹, auf deren Kleider Schneckenhäuser genäht sind, und die ganz in Hobelspäne eingehüllten ›Hobelspänler‹. In Gersau am Vierwaldstättersee sieht man seltsame Gestalten bei alpinen Festlichkeiten: die ›Wildleute‹, die wie wandernde Bäume aussehen und ganz in Tannenbart gehüllt sind. So ist vom Jahreswechsel über die Fastenzeit und die Erntezeit und die Weinlesezeit bis zum Heiligen Nikolaus und Advent überall uraltes Überkommenes lebendig geblieben, nicht nur im abgeschiedenen Tal, auch auf dem flachen Land und in den Städten. So erlebt sich der Teil sehr intensiv als Teil in seinem Besonders-Sein und bewahrt sich davor, gestaltlos in ein Ganzes aufzugehen.

Jeder Kanton, jede Gegend hat besondere Feste und Festesbräuche. Ein Festtag ist ihnen gemeinsam und feiert die Gemeinsamkeit: die Bundesfeier am 1. August. Sie hat keine Traditionen und keine Attribute. Sie ist sicherlich freudig, erfüllt sich aber vor allem in Festreden und Allerwelts-Feuerwerken.

Die Täler, Dörfer und Landschaften haben ihre echten, originalen und charakteristischen Lieder, Märsche und lokalen Hymnen. Die frühere Schweizer Hymne (›Rufst du, mein Vaterland‹) war musikalisch mit ›Heil dir im Siegeskranz‹ und ›God save the king‹ identisch.

Die Täler, Dörfer, Landschaften, Städte und Kantone feiern sich bunt, originell, individuell. Der Bund feiert sich konventionell und pflichtschuldig.

Sinfonia migroica

Indem wir derart der Stadt und dem Wesen und dem Zustand namens Bern nahegekommen sind, ist vielleicht das Stichwort gegeben, ein neueres Schweizer Phänomen darzustellen, das mit Bern vielfach zusammenhängt.

Dreimal fühle ich mich versucht, das große Wort ›Saga‹ auf außergewöhnliche Schweizer Tatbestände anzuwenden. Die älteste, die Winterthur-Saga wird späterhin erklingen, die jüngste, die Mövenpick-Saga, ist noch in voller Entwicklung: der heroische Aufbruch eines jungen unternehmungslustigen Zürcher Hoteliurssohns, von seinem Vater ob der neuen Ideen belächelt: »Du kennst die Schweiz nicht!« – der ohne wesentliches Kapital, nur mit einem Küchenchef-Spezialisten für kalte Küche ausgestattet, 1950 ein Lokal mietete, einen neuen Restaurant-Typ einführte und heute in der ganzen Schweiz Lokale dieses Typs besitzt, allein in Zürich fünf, der Regimenter von Köchen beschäftigt und Legionen von Gästen verköstigt – ein Conquistador des Gastgewerbes, ein Restaurations-Condottiere und Buffet-Napoleon.

Auch die Saga vom Gottlieb Duttweiler ist die Geschichte eines anfänglich belächelten wirtschaftlichen Außenseiters, der starrsinnig seine Ideen durchsetzte. Sie ist ein lehrhaftes Kapitel Volkswirtschaft und hat doch auch viele Züge der Tell-Sage, indem auch hier ein einzelner Eigenbrötlerischer, von Sturheit nicht Freier, das Antlitz seiner Heimat umformte.

Es begann um 1925 mit einer sehr einfachen Überlegung, die

allerdings nicht einfach zu formulieren ist. Wenn ich die Waren bei strengster Kostenkomprimierung billiger verkaufe, habe ich zwar einen geringeren Nutzen, aber der Umsatz wird derart groß, daß ich mit diesem geringeren Nutzen mein Auskommen finde und daher imstande bin, die Waren so billig zu verkaufen, wie ich sie verkaufe. Duttweiler setzte also Gewichte fest, die zwischen ›en gros‹ und ›en detail‹ lagen, die halb ›gros‹ waren, und so nannte er seine Verkaufsorganisation ›Migros‹. Daraufhin beschlossen die Konventionellen, diesen Störenfried geheiligter Relationen zu boykottieren. Daraufhin beschloß Duttweiler, selbst zu produzieren.

Und er hatte noch einen ganz einfachen Gedanken. Bisher waren die Hausfrauen in die Läden gekommen. Nun kam er zu ihnen. Er schuf die Migros-Wagen, motorisierte Läden, die, einem Fahrplan folgend, in die Straßen der Wohnviertel kamen und den Einkauf erleichterten. Die Konventionellen tobten erneut. Sie versuchten, die Konkurrenz durch Gerichtsbeschluß zu unterbinden. Da aber die Gesetzgebung der Schweiz kantonal verschieden ist, mußten immer wieder Prozesse geführt werden. Manche verlor Duttweiler, und wo dies geschah, richtete er statt fahrbarer stabile Migros-Läden ein – andere gewann Duttweiler, dort rollten seine Läden weiter – und wie ich die Schweiz kenne, sind manche Prozesse in langem Hin und Her erst letztinstanzlich entschieden worden.

Je leidenschaftlicher man ihn bekämpfte und boykottierte, desto größer wurde der kaufmännische Erfolg. Dort, wo die Wagen zugelassen sind, erzielen sie einen Jahresumsatz von drei- bis sechshunderttausend Franken pro Wagen.

Immer weiter breitete sich Duttweilers Machtbereich aus. Er hat ein Taxi-Unternehmen gegründet, er hat die notleidende Monte-Generoso-Bahn flottgemacht, er gründet eine Bank, er gründet eine Versicherungsgesellschaft, er gründet eine Buchgemeinschaft, er gründet einen Schallplattenvertrieb.

Man bekämpfte ihn leidenschaftlich, aber man war genötigt, sich in diesem Kampf gegen Duttweiler der Mittel Duttweilers als Waffen gegen Duttweiler zu bedienen. Er hat das Preisgefüge in der Schweiz revolutioniert. Immer wieder gab es Fortschritte als Reaktion gegen Wettbewerbsbeschränkungen, die seine Gegner ihm auferlegten, um ihn am Fortschreiten zu hindern. Sie waren ausgezogen, die Migros zu vernichten, und sie waren schließlich genötigt, um Kunden zu werben, indem sie ihnen verhießen: Wir verkaufen zu Migros-Preisen.

»Du kennst die Schweiz nicht!« sagte man auch ihm, als er in den frühen Fünfzigerjahren drang, die Form des ›Supermarket‹ in seinen Selbstbedienungs-Migros-Märkten auszuprobieren. Der Erfolg bestätigte ihn wieder, der Migros-Markt gehört längst zum wohletablierten Inventar der Schweizer Städte und Dörfer und hat die Konkurrenz veranlaßt, das Modell zu kopieren.

Gottlieb Duttweiler stellte eine große Organisation für billige Gesellschaftsreisen auf die Beine, und hier begegnen wir einem neuen, wesentlichen Zug seiner schöpferischen Persönlichkeit; der sprachschöpferischen Komponente. Er hat den Sinn für die lokale Wortprägung, so nannte er seine Gesellschaftsreisen-Gestaltung ›Hotel-Plan‹, weil das abgekürzt ›Hopla‹ ergibt.

Bunt und dramatisch ist die Geschichte seiner Kämpfe gegen die großen Konzerne. Er wollte das Waschmittel-Königreich namens Henkel ausmanövrieren, drum brachte er ein hauseigenes Waschmittel auf den Markt, das er ›Ohä‹ (ohne Henkel) nannte, und ließ auf der Verpackung einen Topf mit durchgestrichenem Henkel abbilden. Der Zaun wird in der Schweiz ›Hag‹ genannt, also nannte Duttweiler seinen selbsterzeugten koffeinarmen Kaffee, der dem ›Kaffee Hag‹ Konkurrenz machen sollte, ›Kaffee Zaun‹.

Nicht alles, was angepackt wurde, gelang. Eine ›Kleidergilde‹ zum Beispiel bewährte sich nicht und wurde alsbald aufgegeben.

Wohl aber glückte vor einigen Jahren sein Einbruch in die Machtsphäre der Benzin-Imperien. Er errichtete für sein billigeres ›Migrol‹ eigene Tankstellen, er ließ es in eigenen Raffinerien herstellen, er unterbot wieder einmal, zwang wieder einmal die zähneknirschende Konkurrenz, gleichzuziehen – und so ist heute die Schweiz das Land mit dem niedrigsten europäischen Benzinpreis.

Duttweiler gründete eigene Volkshochschulen, er veranstaltet Konzerte und allsommerliche internationale Tagungen zum Studium von Problemen der Marktforschung und des Wettbewerbs. Die Migros, ursprünglich Aktiengesellschaft, wurde in eine Genossenschaft umgewandelt und den Genossenschaftern geschenkt. Duttweiler selbst ist nur noch Besitzer der Produktionsbetriebe, ein Konzern wider Willen, ein Todesstoß gegen die Kartelle in Form eines Trusts.

Die Migros veröffentlichte ursprünglich in der Schweizer Presse ihre sogenannte ›Zeitung in der Zeitung‹, halb Inserat, halb volkswirtschaftlich-politischen Kommentar. Auch damit gab es Schwierigkeiten, so daß die Genossenschaft sich selbständig machen und ihre eigene Zeitschrift begründen mußte. Sie hat eine Auflage von fast fünfhunderttausend Exemplaren.

Angesichts dieses napoleonischen Aufstiegs, angesichts dieser expansiven, unersättlichen, erfolggeschwellten Dynamik drängt sich die Frage nach den Grenzen solcher beherrschenden Stellung auf. Hier ist der echte Typ des Volkstribuns, dem schließlich die Mittel zu Machtmitteln werden müssen. Gottlieb Duttweiler aber hat sich stets im Rahmen der Demokratie bewegt, er hat auf ihr gespielt, er hat sie aufs äußerste ausgekostet, aber nie mißbraucht oder gar unterhöhlt. Er hat die Macht ausgeübt, aber nicht ergriffen. Er hat keinen Marsch auf Bern angetreten. Aber er hat die Fülle seiner erfolgreichen Gründungen durch die Gründung einer Partei gekrönt. Er ist König des Handels und der Produktion, aber nicht Diktator, sondern einer unter zahlreichen Nationalräten als Mitglied einer Fraktion; diese ist im Verhältnis zu den klassischen politischen Parteien der Eidgenossenschaft nicht eben sehr groß, wenn auch nicht unansehnlich klein. Auch sie ist ›migros‹. Und sie ist, wie ihr Gründer, auf produktive Manier unbequem.

In Deutschland wäre Gottlieb Duttweiler vielleicht Kaiser oder Führer geworden. In der Schweiz ist er Herr Nationalrat. Und sein einziger Gewaltakt bestand darin, daß er, dem so manches nicht paßt, einmal, als ihm etwas noch weniger paßte als sonst, einen Stein nahm und ein Fenster des Berner Bundeshauses einschlug. Man frohlockte: nun hätte er sich unmöglich gemacht. Doch auch dieser Akt steigerte seine Popularität.

In der Schweiz wäre Adolf Hitler vermutlich Vereinspräsident, vielleicht aber auch Regierungspräsident seines Heimatkantons geworden. Und vielleicht wäre es ihm sogar gelungen, in diesem Kanton eine Art Diktatur zu etablieren (so wie dies dem Gouverneur Long in Louisiana gelungen ist). Seine Partei hätte etliche Mandate im Nationalrat gewonnen, aber sein Kanton hätte in der zweiten Kammer, dem Ständerat, nur über zwei von vierundzwanzig Sitzen verfügt. Und im Rahmen eines sehr umständlichen und langwierigen staatsrechtlichen Kräftespiels wäre nach einigen Jahren die Entscheidung des Bundesgerichts erflossen, daß die N.S.S.A.P. verfassungswidrig sei. Nachdem die letzten Rekursmöglichkeiten erschöpft gewesen wären, hätte Adolf Hitler bei der nächsten Wahl nicht mehr kandidiert, hätte sich neuerdings dem Gewerbe des Malers zugewendet, wir könnten in den Souvenir-Läden von Interlaken, Luzern, Davos und St. Moritz seine Bergeinsamkeiten und Sonnenaufgänge erstehen, und wenn er nicht gestorben wäre, lebte er heute noch.

Gottlieb Duttweilers Aufstieg ist ein großes Beispiel für die Möglichkeit der Zähmung des Dynamischen und seiner Nutzbarmachung für das Friedliche. Während andere Völker um Lebensraum und Vorherrschaft einer Rasse ins Feld zogen, kämpften die Schweizer um Detailhandelspreise ihren Kampf, in dem es nur Sieger und keine Besiegten gab. Die Verlustliste beschränkt sich auf ein Fenster.

Wäre Duttweiler anstelle Wilhelm Tells ausgezogen, den Übermut der Vögte zu brechen, hätte er Geßler nicht erschossen sondern unterboten.

Hier irrt Baedeker

Der Kanton Bern ist weit und breit, hoch und tief. Er reicht bis in die Gegend von Basel im Nordwestzipfel der Schweiz, und von seinem Südwestzipfel ist's nicht mehr weit zum Südwestzipfel der Schweiz. Er hat ein gutes Stück der französisch-schweizerischen Grenze inne, er umschließt Seen, Ebenen, Mittelgebirge, Hoch- und Höchstgebirge, er ist dicht und dünn besiedelt, er vereinigt Französisch- und Deutschsprechende, er unterliegt dem Ansturm der touristischen fremden Legionen, ist aber auch reich an anderen Industrien in den Städten und Städtchen und Gemeinden des Mittellands, als deren bemerkenswerteste sich mir Herzogenbuchsee und Münchenbuchsee eingeprägt haben, weil die Genitive dieser Namen zu den wenigen brauchbaren Reimen auf das Wort ›Truchseß‹ zählen.

Wir haben uns bisher den Alpen zwar genähert, aber erst vorsichtig, widerruflich und im Bogen. Wir wollen noch immer nicht herzhaft mitten in ihre Welt eintreten, denn wir empfinden es als ein Gebot der ausgleichenden Gerechtigkeit, dem Jura den Vortritt zu lassen und ihn dadurch für traditionelle Vernachlässigung ein wenig zu entschädigen.

Man kümmert sich so sehr um die Alpen und so wenig um den Jura. Es gibt einen Alpenclub, aber keinen Juraclub. Man bezeichnet Landschaften häufig als alpin, doch nie als ›jurin‹. Zahlreich sind die Alpinisten, ebenso zahlreich sind zwar auch die Juristen, nur daß diese, ihrer Bezeichnung zum Trotz, nichts mit dem Gebirge zu schaffen haben. So ist es begreiflich, aber nicht verzeihlich, daß der Gebirgszug des Jura im Hintergrund des Interesses bleibt: ein Stiefgebirge.

Läge er in Dänemark, Holland, Belgien oder Brandenburg, wäre der Jura die große, vielbestaunte, überflutete Attraktion der Gegend. So aber liegt er allzu nahe von allzu überlegenem Gebirge und wird nur von höchst schütteren Fluten des Fremdenstroms bespült. Der Jura erstreckt sich an der gesamten Nordwestgrenze der Schweiz vom Rhein zum Genfersee. Hier wird französisch gesprochen, hier ist die Uhrenindustrie zuhause. (Die Schweizer Urkantone sind Uri, Schwyz und Unterwalden, die Schweizer Uhrkantone sind Bern, Neuchâtel, Genf, Solothurn und Baselland.)

Hier sind die Berge sanft, sacht, milde und nicht sehr hoch. Der Charakter der jurinen Landschaft ist nicht so sehr gebirgig, sie gleicht eher einem welligen Hochland, etwa tausend Meter über dem Meer, mit weiten Perspektiven und großer, etwas melancholischer Stille. Man begegnet häufig den Herden; einträchtig weiden Rind und Pferd gemeinsam und beneiden einander: das Rind möchte so edlen Zwecken bestimmt sein wie das Reitpferd und das Rennpferd, statt als Amme der Menschheit zu fungieren; das Pferd hätte lieber eine weniger noble, aber aussichtsreichere Mission als seine derzeitigen spärlichen Berufsaussichten ohne Zukunft. Denn das Pferd hat im motorisierten Zeitalter seine Zugkraft eingebüßt. Man sieht das Roß in der Schweiz hauptsächlich noch auf Wirtshausschildern, wie man der Dampflokomotive nur noch auf den Verkehrstafeln vor ungesicherten Bahnübergängen begegnet.

Hier ist das Grün der Wiesen und Wälder in seiner Alleinherrschaft absolut, nicht durch Felsen und Gletscher beeinträchtigt. Ein Juraglühen als gleichberechtigtes Pendant zum Alpenglühen kann also beim besten Willen nicht reklamiert werden. Hier ist die Landschaft Selbstzweck, durch keine Hypothek der Aussicht belastet.

Im Jura beginnen Ortsnamen und Personennamen gern mit einem Artikel: die Orte heißen Le Noirmont, La Ferrière, Le Bémont, La Creux-des-Biches, La Cibourg, Les Breuleux. Die bedeutendsten sind Le Locle und La Chaux-de-Fonds (Adjektiv: chaudefonnier, -ière). Der bedeutendste unter den Chaudefonniers ist zweifellos der Architekt Le Corbusier, der aber mit seinem bürgerlichen Namen, ganz unjuristisch, Jeanneret heißt.

Die ersten Juraberge, die ich erklommen habe, waren die Straßen der Stadt Neuchâtel. (Wir haben somit den Kanton Bern verlassen, werden ihm aber noch intensiv begegnen.) Zwei Eigenschaften zeichnen diese Stadt Neuchâtel aus: sie ist sehr steil und sehr gelb. Sie ist eine jener Städte an Gewässern, die gleich anschließend an das Ufer heftig bergauf gehen, und sie tut dies nicht etwa einheitlich, sondern ist in mehrere Anhöhen unterteilt. Sie liegt am Lac de Neuchâtel, dem größten See, welcher völlig von Schweizer Boden umgeben ist, aber doch mehreren ›Staaten‹ zugehört: den Kantonen Neuchâtel, Bern, Fribourg und Waadt.

Die weniger großen Bade- und Attraktionsseen in der inneren Schweiz sind an ihren Ufern so angefüllt mit Bädern, Städten, Geschichte und Verkehr – hier ist alles leerer, einsamer. Die Alpen bieten sich, fern und gesammelt, fast abstrakt als Begrenzung des Horizonts dar, der See ist weit und groß und mächtig, doch nicht gewaltsam. Seine Anwohner müssen ihn nicht mit zureisenden Scharen teilen.

Wir sind hier gar nicht weit von Bern und Solothurn und anderen Städten, in denen deutsch gesprochen wird. Und wir möchten, da nun die Sprachgrenze überschritten ist, vorschlagen, daß wir diesen Teil der Schweiz nicht, wie üblich, die ›französische Schweiz‹ nennen und sie auch nicht, wie die Schweizer, als die ›welsche‹ Schweiz bezeichnen. Denn das Besondere der Schweiz besteht ja eben darin, daß nur die Sprache, nicht aber das Wesen der Region französisch ist, oder italienisch, oder deutsch. Und das Welsche ist durch den despektierlichen Mißbrauch der nationalen Germanomanen, sonderlich des präpotenten ›Meistersinger‹-Sachs diskreditiert. Ich werde nie meine tiefe Scham vergessen, die mich überfiel, als Arturo Toscanini dirigierte und Sachs auf der Bühne seine Ausbrüche gegen ›falsche welsche Majestät‹, ›welschen Dunst und welschen Tand‹ schmetterte.

Hiermit wird also vorgeschlagen, daß wir Helvetien in eine alemannische, eine gallische und eine lateinische Schweiz unterteilen. Wir sind somit an einem bedeutenden Kristallisationspunkt des Gallischen angelangt. Denn hier spricht man das schönste und reinste Französisch, nicht nur der Schweiz – so wie man in der Toscana das edelste Italienisch spricht – drum sind auch hier Schulen, Institute und Erziehungsheime konzentriert.

Neuchâtel ist keine große Stadt, hat nicht viel über dreißigtausend Einwohner, ist aber doch ganz komplett und sehr persönlich. Den See entlang zieht sich die Reihe edler, meist gelbe Gebäude in ruhiger statischer Noblesse. Etwas weiter landeinwärts verläuft parallel die große Straße, auf der die Autos von Lausanne nach Bern, Basel und Zürich rollen. Am Ende des ruhigen noblen Quais draußen liegt allerdings eine ›Snack Bar‹, da ist er dann mit Recht zuende, die Zivilisation tritt gegen die Kultur an, und die Autostraße tritt an das Ufer.

Neuchâtel ist reich an alten Palais; nicht nur die Palais sind hier Palais, auch die Banken, und alles ist hier sehr gelb, auch die Kathedrale, auch der Bahnhof, selbst abstrakte Plastiken, die sich wie die wohlgeformten neuen Wohnhäuser harmonisch in das Bild des beharrend traditionsreichen Stadtwesens einfügen. Man wüßte auch jenseits der Sprache augenblicklich, daß man hier in gallisches Gebiet eingetreten ist; allein das reiche Zierbalkongitterwerk verriete es unmißverständlich.

Die jurassisch steilen Straßen sind von pulsierendem, aber nicht lärmendem gallischen Leben erfüllt. Weil diese Städte Hauptstädte und Regierungssitze sind, erheben sie sich so spürbar über das rein Provinzielle wie anderswo die Residenzstädte längst verjährter Dynastien. Nur daß hier immer noch regiert wird, daß wesentliche Hoheitsrechte hier konzentriert sind.

In Neuchâtel hatte ich auf meiner letzten größeren Schweizer Reise ein sehr großes Erlebnis. Auf meinen Streifzügen und Kletterpartien, auf meinen Wanderungen am großen geruhigen Quai war ich inmitten von großer Gelblichkeit auch an der Uhrmacherschule vorübergekommen und hatte mich daran erinnert, daß ich mich hier im Zentrum der Uhrmacherei befand; innerhalb der so präzisen Schweiz war hier also ein besonderes Bollwerk der äußersten Präzision. Dann aber kam ich zu einer Kirche – ich will sie nicht verraten, könnte sie aber jederzeit bezeichnen – und siehe da: die Turmuhr ging nicht. Vier Zifferblätter zeigten allen vier Himmelsrichtungen an, daß es kurz vor halb elf sei, als es in Wahrheit neunzehn Uhr fünfzehn war. (Dies geschah am 14. Mai 1961.)

Ich war nicht höhnisch und nicht enttäuscht, im Gegenteil, meine Stimmung entsprach nach einer Reise durch Exzesse der Zulänglichkeit etwa dem Zustand: ›Die Erde hat mich wieder‹. Mein wankend gewordener Glaube an die menschliche Unzulänglichkeit war wiederhergestellt.

Die Städte zwischen Bern und Lausanne haben alle ihr besonderes Gesicht und ihre besonderen Reize; einer darunter ist: daß

man sie für sich entdecken kann und daß sie sich auf Neben-
wegen des großen touristischen Plansolls befinden. Sie sind für
den Reisenden nicht Pflicht, sondern Kür, sie ermöglichen also
das So-Sein der Schweizer direkter zu beobachten. Sie sind aber
nicht nur darum sehens- und besuchenswert.

Da ist Fribourg, sehr nahe bei Bern, Universitätsstadt und
Kantonshauptstadt wie Neuchâtel, und doch von ganz anderem
Charakter. Hier ist sehr viel Platz, der von der Stadt nicht ganz
ausgefüllt scheint. Sie wirkt ein wenig verträumt, ein wenig
verwunschen. Wenn man vom Bahnhof abwärts zum Zentrum
hin geht, merkt man auch hier sofort, daß man die Grenze zwischen alemannischer und gallischer Schweiz überschritten hat:
die Fronten, Fenster und Balkone vieler Häuser sprechen unmißverständlich französisch. Dann, weiter unten, im Kern und
Zentrum, kommt man drauf, daß die Anlage Fribourgs von der
Natur als eine Art Generalprobe für Bern veranstaltet scheint.
Auch hier ein Fluß – die Saane – der auf seinem Weg von Süden
nach Norden, tief eingeschnitten, in ein Hufeisen-U ausweichen
muß, in das die Stadt eingezwängt ist. Große hochgewölbte
Brücken überspannen ihn. Hier sind viel Kirchen und viele
winklige städtebauliche Unregelmäßigkeiten – die Prosperity
mit ihren Erneuerungen und Modernisierungen hat Fribourg
bisher vergleichsweise verschont – hier ist vor allem aber noch
sehr viel freier Raum. So wie man sagt, daß jemand ›sich Zeit
läßt‹, kann man von dieser Stadt sagen: sie hat sich Platz gelassen. Und wenn am Bahnhof die ›Place de la Gare‹ sich ausdehnt
und man von diesem Platz alsbald zur ›Petite Place‹ gelangt,
genügt das nicht, denn diese ›Petite Place‹ geht direkt in die
›Grand' Places‹ über. – ›Square‹ heißt ›Platz‹, ›Place‹ heißt
›Platz‹. In Fribourg sah ich eine Tafel ›Square des Places‹!

Da ist Solothurn, noch im Alemannischen, gleichfalls Kantonshauptstadt, wieder sehr anders: patrizisch, patriarchalisch
und wohlhabend, mit guten Brücken und schönen Brunnen
gesegnet, weniger Stiefkind und Aschenbrödel als ein bißchen
im Schmollwinkel. Auf dem Bahnhof von Solothurn ist das
Überschreiten der Geleise noch partiell gestattet. Irgendwo sah
ich auf einer Inschrift das stolze SPQS (Rat und Volk von Solothurn), und römisch wie diese republikanische Selbstbewußtheit
(Wir von Unseren Gnaden) ist auch die Kathedrale des Heiligen
Ursus. Der große Karl Baedeker scheint kein Freund des Barock-
stils oder, aus einem heute nicht mehr feststellbaren Grund, ein

Feind Solothurns gewesen zu sein, denn er hat dieser Kathedrale keinen Stern zugebilligt; doch hier irrt Baedeker, wie er überhaupt irrt, wenn er die Städte und Städtchen vernachlässigt, denen wir in diesem Kapitel unsere Reverenz erweisen.

Fassade und Inneres dieser Kathedrale St. Ursus in Solothurn verdienten alle Ehren, die für Kirchen zu vergeben sind. Allzu bescheiden, nicht in die gebührende Großraumperspektive gestellt, liegt sie etwas (zu wenig) erhöht an ihrem (zu schmalen) Platz oberhalb einer (ihr gemäßen) Treppe am Ende einer Straße, die sich (gleichfalls zu bescheiden) ›Hauptgasse‹ nennt. Rom brauchte sich dieser Kathedrale nicht zu schämen und hätte sie gewiß günstiger innerhalb des Stadtbildes placiert.

Hat man sie besichtigt, mit besonderer Ehrfurcht, weil man auf so viel Pracht und Größe und Herrlichkeit nicht vorbereitet war, und geht man in die besagte Hauptgasse, dann sieht man gleich links eine Häuserfront, die wie eine Kirchenfront wirkt, und tritt ein, und steht, wenige Schritte von St. Ursus, schon wieder in einer großen und schönen Kirche durchaus römischen Zuschnitts, die ohne Turm inmitten von Häusern versteckt (und von Baedeker überhaupt nicht erwähnt) ist.

Wie anders aber wirkt schließlich Biel auf uns! (Wir sind nun vorübergehend wieder im Kanton Bern.) Biel ist keine der demokratischen Residenzen, Biel ist nur Sitz Biels, Biel ist ein gutes Beispiel für vielerlei, vor allem aber für die seltene Spezies der rührigen Schweizer Provinzstädte, die nicht Hauptstädte sind.

Man tritt aus dem Bahnhof von Biel und wähnt sich in einer modernen Großstadt. Dann aber überlegt sich's das Stadtbild: man gelangt durch die Bahnhofstraße in eine von heftigem Leben erfüllte Kleinstadt. Auch Biel hat seinen See, der nicht so mächtig ist wie der See von Neuchâtel. Die Stadt ist noch nicht ganz bis zu ihm hin vorgedrungen – doch wenn nicht alles täuscht, entsteht dort ein neues Viertel, das wieder mit den Ambitionen des Bahnhofplatzes korrespondiert.

Im gestaltlosen Areal mitten zwischen Bahnhof und See erhebt sich unvermittelt ein einzelner Superbau von provokanter Neuzeitlichkeit: Biels ›Westen‹.

Anschließend an die Kleinstadt, welche man von der Großstadt am Bahnhof erreicht, liegt die Altstadt von Biel, eine Muster-Altstadt, wohl erhalten, etwas höher als die umliegenden Stadtteile, hügelig, farbig, mit Giebeln, Lauben, Türmchen und

Brunnen, nicht zu schmuckkästchenhaft, nicht museal, nicht ad ostentationem konserviert, sondern in das Stadtganze glücklich einbezogen, anheimelnd unregelmäßig, ein erfolgreiches Gastspiel des Mittelalters in unserem Jahrhundert.

War in Neuchâtel das Gelb vorherrschend, ist hier das Rosarote auffallend. Rosarot sind in dieser Altstadt, als Pendants neben einander gelegen, das Rathaus und das Theater, und dieses, sehr kleine, von Baedeker gleichfalls totgeschwiegene Theater von Biel, mit dem Theater von Solothurn zu einer Spielgemeinschaft vereint, verdient einige andächtige Gedanken als vorgeschobener Posten des Theaters in deutscher Sprache hart an der Grenze des Gallisch-Französischen, wo man kein Ensemble, kein Repertoire (französische Ausdrücke für deutsche Errungenschaften) außerhalb der Hauptstadt kennt, wo fahrende Truppen gastieren und die Städte wohl Theater bauen, aber nicht Theater erhalten.

Die Sprachgrenze ist auch eine Grenze der Theaterkultur und der systematischen Pflege des Schauspiels. Wenn man als Liebhaber des Dramas von Westen her ostwärts reist, wird man das kleine Bieler Theater ehrfürchtig begrüßen und die Andeutung der Morgenröte in seiner rosaroten Farbe als sehr adäquat empfinden.

La dolce Mehrsprachigkeit

In der Bahnhofstraße von Biel befindet sich die ›Boucherie de la Gare‹. Im Fenster dieser Boucherie sah ich die Aufschrift ›Heute Ochsenmaul‹. Biel ist zweisprachig.

Am Bahnhof von Biel befinden sich rechts und links Telephonkabinen. Rechts weist ein Pfeil mit der Aufschrift ›Téléphone‹, links weist ein Pfeil mit der Aufschrift ›Telephon‹ auf sie hin. Biel ist zweisprachig.

Wenn man der Zweisprachigkeit Biels auf den Grund kommen will und daraufhin die Schilder in den Straßen mustert, merkt man, wieviele Grundbegriffe hier in der Schweiz sprachlich neutral sind und der Übersetzung gar nicht bedürfen: Coiffeur, Hotel, Café, Bar, Bus, Tea-Room, Restaurant, Parfumerie, Confiserie, Velo ...

Auf den Postämtern steht allüberall in der Schweiz die neutrale, gemeinsame, dreisprachige Abkürzung PTT. Mangels einer solchen neutralen Bezeichnung finden wir auf den Brief-

marken der Schweiz als einzigen der Welt nicht den offiziellen Titel des Staats oder der ausgebenden Postverwaltung, sondern eine Art Künstlernamen: das übergeordnete lateinische ›Helvetia‹ wie auch auf dem Berner Bundeshaus das übergeordnete lateinische ›Curia Confoederationis Helveticae‹ wie auch bei den Autokennzeichen das übergeordnete lateinische CH (Confoederatio Helvetica). Man kann mangels Platz nicht alle Landessprachen berücksichtigen, man will keine von ihnen bevorzugen, also hält man sich an die lateinische Sprache, die allen und keinem gehört. Doch diese Fälle sind selten. Wenn es nicht gerade um exponierte Formen der Repräsentation nach außen geht, wie bei Briefmarken und Autos, ist das Sprachenproblem der Schweiz gelöst, indem es negiert wird.

Die Einstellung der Schweiz zu ihren Landessprachen ist genial, denn sie ist so, wie der kleine Moritz sie sich vorstellt: Jeder redet, schreibt, druckt in seiner Sprache, und niemand kommt auf den Gedanken, sich darüber Gedanken zu machen. Die Schweiz hat zum Turm von Babel nicht einmal den Grundstein gelegt, die akute und aggressive Sprachenverwirrung unserer national verseuchten Welt ist dort, wo sie durch die konkurrierende Nachbarschaft mehrerer Sprachen in einem Staat (und sogar innerhalb mancher seiner Kantone) besonders naheläge, durch ein immerwährendes Pfingstwunder gebannt.

Das alte Österreich-Ungarn ist unter anderem an seiner Unfähigkeit, Sprachenfragen zu bewältigen, zugrundegegangen. Die junge Tschechoslowakei der Doktoren Masaryk und Benes, an diesem Zugrundegehen aktiv beteiligt, hat ihrerseits in ihrer, international so gut angeschriebenen, angeblichen Demokratie die Sprachprobleme nicht demokratisch gelöst und eine ihrer Landessprachen aktiv verfolgt und unterdrückt. Ich möchte es auch lieber nicht erleben, daß in den Vereinigten Staaten von Amerika einundzwanzig Prozent der Bevölkerung französisch, sechs Prozent italienisch und ein Prozent rätoromanisch sprechen; da könnte ich mir eher vorstellen, daß der Süden der Eidgenossenschaft von Negern bewohnt wird, die in allen Kantonen seit mehr als hundert Jahren absolute Freizügigkeit genießen.

Die parlamentarischen Verhandlungen der eidgenössischen Räte gehen in drei Sprachen vor sich. Die Gesetzestexte werden in drei Sprachen publiziert, keine der drei Versionen gilt als Übersetzung, alle drei sind Originalwortlaut.

Professoren an Universitäten der alemannischen Schweiz nehmen französische und italienische Dissertationen entgegen. Bei Prüfungen sind französische und italienische Antworten der Kandidaten gestattet.

Ebenso kann vor Gericht jeder ohne Rücksicht auf die Sprache des Gerichtsorts in seiner Muttersprache aussagen.

Beim Militär werden Befehle an gemischtsprachige Einheiten auch in der Sprache der Minderheit ausgegeben!

Der Fahrplan der SBB ist dreisprachig, nicht nur hinsichtlich der Ortsnamen. Die Zusätze, Hinweise und Anmerkungen sind bei den Zügen von Bern nach Fribourg deutsch, von Fribourg nach Palézieux französisch, von Bern über Fribourg und Palézieux nach Genève deutsch und französisch. Beim Eisenbahnnetz der gallischen Schweiz heißt ›changement du train‹, was beim Netz der lateinischen Schweiz ›si cambia treno‹ und beim Netz der alemannischen Schweiz ›umsteigen‹ heißt.

Und dies alles vollzieht sich so selbstverständlich, so unreflektiert, daß man auf die Problematik eigens hingewiesen werden muß, um der Tatsache inne zu werden, daß sie nicht existiert.

Ich weiß nicht recht, ob man die Schweiz ein Paradies nennen kann und soll, denn ich bin mir nicht im klaren darüber, worin ein Paradies besteht. Mir scheint nämlich: das Paradies war gar kein Paradies, da es ja den Apfelbaum und die Schlange in sich schloß. Mit anderen Worten: ein Paradies braucht kein Paradies zu sein, um ein Paradies zu sein. Sofern es aber eine äußerste Annäherung menschlicher Beziehungen an das Paradiesische gibt, ist's die Manier, in welcher die Schweiz ihre Landessprachen nebeneinander stellt.

Und um das Idealistische noch zu steigern, wurde anno 1938 eine vierte Landessprache offiziell anerkannt: die Sprache der Rätoromanen, die im Friaul, in der Gegend der Dolomiten und im Kanton Graubünden gesprochen wird. 1919 gründete sich die ›Lia Rumantscha‹ zum Zweck der Erhaltung dieser Sprache. Ihre Parole »Ni Italians, ni Tudaischs! Rumanschs vulains restar!« (Weder Italiener noch Deutsche! Romanen wollen wir bleiben!) setzte sich in der Schweiz durch, und dieser Triumph einer Minderheit ist um so bedeutsamer in seiner Beispielhaftigkeit, als diese romanische Sprache innerhalb der Schweiz auch noch in drei verschiedene Dialekte gespalten ist, die im Engadin, im Vorderrheintal und in Mittelbünden gesprochen werden und die einander kaum verstehen. Das Romanische kommt direkt von der lateinischen Sprache her und ist seltsamerweise weniger mit dem Italienischen als mit den iberischen Sprachen verwandt. (Ein sehr respektabler Zürcher nannte diese vierte Landessprache im Privatgespräch mit mir etwas geringschätzig ›Geißenspanisch‹.)

Und als die vierte Landessprache offiziell anerkannt und verbrieft war, änderten etliche Orte Graubündens ihre Namen. Aus Schuls wurde Scuol, aus Samaden wurde Samedan, aus Süs wurde Susch, aus Fetan wurde Ftan. Ja, sogar der Name Bergün, der uns doch schon exotisch genug vorkommt, erwies sich als Übersetzung und änderte sich in Bravuogn. Wir finden im Bereich dieser vierten Landessprache romanische Kundmachungen und Firmenschilder und Aufschriften mit vielen Merkwürdigkeiten und Geheimnissen – so einen Trennungsstrich zwischen dem S und dem Ch, etwa in den Ortsnamen S-chanf (ehemals Scanfs) oder Cinuos-chel (ehemals Cinuskel). Die Pension ist eine Pensiun, die Molkerei eine Lateria, das Gemeindehaus eine Chesa comunela.

So ist eine gleichberechtigte vierte Schweiz entstanden, und das, was häufig als solche bezeichnet wurde, die Gesamtheit der Schweizer im Ausland, ist nun eigentlich die ›fünfte Schweiz‹. Die bisherige Dreisprachigkeit ist zur Viersprachigkeit erweitert, doch auch dies ist eigentlich nicht zutreffend, denn es gibt noch eine weitere Landessprache – nein, nicht das Lateinische der Helvetia, Curia und Confoederatio, sondern:

Auf dem Bahnhof von Chur, der Hauptstadt Graubündens, sah ich Schilder in vier Sprachen. Begierig trat ich näher, denn ich wollte erfahren, was ›Ausgang‹ auf Rätoromanisch heißt. Doch, siehe da, die vierte Sprache war die englische.

Als ich auf der Jungfraubahn mein Billet vorgewiesen hatte, reichte es mir der Schaffner mit den Worten ›thank you‹ wieder.

Als ich in einem Zermatter Laden eine Ansichtskarte ausgewählt hatte, sagte der Verkäufer zu mir ›twenty five‹.

Englisch ist nicht Amtssprache, Verhandlungssprache und Gerichtssprache der Schweiz, aber längst offizielle Verkehrssprache, vornehmlich in Gebirgsgegenden.

Häufig ist in der Schweiz das Überschreiten der Geleise auch auf englisch verboten.

Auch gibt es in der Schweiz zahlreiche ›english churches‹, allein deren zwei in Montreux.

Nur das Spanische war bisher im Gebiet der Eidgenossenschaft stark vernachlässigt worden. Um dem abzuhelfen, importiert die Schweiz, an chronischem Arbeitskräftemangel laborierend, seit einiger Zeit Haus- und Hotelpersonal aus Spanien. Sollten die Zuzügler seßhaft werden und Familien gründen, ist die Einführung einer weiteren Landessprache nur noch eine Frage von Jahrzehnten.

Der Kastengeist

Zürich heißt auf französisch Zurich, Basel heißt auf französisch Bâle. Genève heißt auf deutsch Genf, Lausanne heißt in allen Sprachen Lausanne.

Aber eigentlich heißen Zürich und Basel auf französisch Lausanne und Genève.

Denn im gallischen Westeck wiederholt sich spiegelbildlich die Spannungssituation der beiden rivalisierenden alemannischen Städte im Norden der Schweiz. Hie sozusagen Identität von Stadt und Kanton: Basel und Genf – hie Hauptstadt eines großen, reichen Kantons: Zürich und Lausanne. Hie Stadt mit dem Rücken an der Grenze: Genf und Basel – hie Stadt mitten drin: Lausanne und Zürich.

Alle Schweizer sind echte Schweizer, und das äußert sich unter anderem darin, daß alle Schweizer von allen anderen Schweizern behaupten: Das sind keine echten Schweizer.

Vor allem aber behaupten dies alle Zürcher von allen Baslern und alle Lausanner von allen Genfern. Die Lausanner sind schon viel länger Schweizer als die Genfer, doch war ihr Kanton Waadt, ehe er ein solcher wurde, den Bernern botmäßig und Objekt französischer Aspirationen. Aus dem Zweifronten-Unabhängigkeitsstreben resultiert der besondere waadtländische Stolz.

Für die Lausanner wird ihre Stadt von Tag zu Tag schöner. Für die Genfer war ihre Stadt immer schon am schönsten. Lausanne blickt auf Genf hinunter. Genf blickt überhaupt nicht über Genf hinaus. Jede der beiden Städte hält sich für großstädtischer als die andere. Lausanne ist von Herzen schweizerisch. Genf ist gewiß auch unwiderruflich schweizerisch, erweist aber den anderen Kantonen damit eine Gnade.

Für mich stand es, ehe ich die beiden Städte kennen lernte, seit meiner Jugend fest, daß Lausanne eine lebenslustige, heitere und Genf eine steife, puritanische Stadt sei. Und dies kam von zwei Zeilen des dummen Schlagers »In der Bar zum Krokodil«, die da lauten:

> Denn Theben ist für Memphis
> Das, was Lausanne für Genf ist.

Bei meinen zahlreichen Besuchen seither konnte ich mich von dieser Formel nicht freimachen; und es ist drum nur billig, daß ich mich an dieser Stelle zur Quelle meines Lausanne-Genf-Bildes bekenne.

Wer nach Lausanne reist, wähle die Strecke über Bern–Fribourg und ziehe die Bahn vor; denn seiner harrt ein großer Augenblick.

Man fährt hinter Fribourg durch eine keineswegs reizlose, durchaus nicht gestaltlose, einigermaßen gebirgige Gegend mit Blick auf Berge. Plötzlich, nach einem kurzen Tunnel hinter Puidoux, tritt man in die großartige Welt des Genfersees, und der Wechsel ist so überraschend, so gewaltig, als träte man im Schwarzwald durch eine Türe und wäre hoch über dem Gardasee.

Alles ist plötzlich anders, der Süden meldet sich gebieterisch zur Stelle, das Wasser dieses Sees ist von hier anders als das aller anderen Seen; diese hatten Ufer, hier aber ist ein Gestade. Und die Hügel, von Reben bedeckt, also nicht bedeckt, sondern Erde darbietend, ›kultivierte‹ Erde, aber Erde, sehr viel Erde, garniert mit Stein, und als Holz nicht Bäume, sondern nur die Stangen, an denen die Rebe emporwächst – es gibt viele große Blicke, doch die entfalten sich meist, bauen sich allmählich auf, aber es gibt sehr wenige große Augenblicke der Landschaft, die diesem Heraustreten aus dem Tunnel hinter Puidoux ebenbürtig wären.

Hoch über dem See strebt die Bahn nach Lausanne. Und sie ist immer noch hoch über dem See, wenn sie Lausanne erreicht.

Lausanne, Hauptstadt der Waadt (offizieller Titel ›Staat und Kanton Waadt‹) hat die zweitseltsamste Lage der Schweiz. Es ist einzusehen, daß man aus guten Gründen eine Stadt an einem bestimmten Punkt eines Ufers anlegt, auch wenn dieses dort relativ steil ansteigt. Der Fall wurde von uns eben in Neuchâtel festgestellt. Er ist uns von Genua und anderen Hafenstädten vertraut. Auch dort, wo Lausanne liegt, steigt das Ufer alsbald recht steil in die Höhe. Es steige! Doch auch der Besucher muß, wenn er Lausanne erreichen will, vom Ufer recht steil in die Höhe steigen oder sich mit der Drahtseilbahn emporbefördern lassen. Lausanne liegt an den oberen Etagen des Bergrückens. Unten, am See selbst, befindet sich die Gemeinde Ouchy. Von überall hat man in der Stadt Lausanne schöne und reizvolle Aus- und Durchblicke auf den See dort unten – die Stadt hat den See im Gesichtsfeld, aber sie hat ihn nicht.

Man steigt, wenn's sein muß, gern oder willig, wo das Ufer dies erfordert – man steigt in Neuchâtel, in Genua, in Neapel, man steigt auch in Badgastein voll Einsicht, weil die Heilquelle eben hier am Steilhang entspringt ... aber warum muß man in Lausanne so viel steigen, warum gestaltet sich die Stadt ganz ohne See und Ufer gerade hier, wo das Gefälle der Straßen gerade so stark ist, um sie für Radfahrer ungeeignet zu machen?

Natürlich ist der Berghang auch nicht einheitlich, das ergibt innerhalb der Stadt eine Art Tal, auf das man von hoher Brücke hinabsieht. Die Städteplaner haben auch für gerade Straßen, parallel zum Seeufer und zur Bahnlinie, gesorgt, dadurch fühlen sich die Fußgänger verwöhnt und die Radfahrer verhöhnt. Bei den steigenden Straßenzügen fällt eine charakteristische Vorliebe für die Serpentine auf, wie sie sonst in besiedelten Gebieten eher selten ist. Man kann sich hier nicht nur an Straßenecken, sondern auch an Straßenrundungen mit einander verabreden.

Davon scheint die junge Generation in Lausanne besonders intensiven Gebrauch zu machen. Die Lausanner Mädchen sind besonders hübsch, und auch die jungen Mädchen aus der alemannischen Schweiz, die im Frühjahr hierher zu ihrem ›französischen Jahr‹ kommen, werden, so heißt es, hier alsbald hübscher. Die Stadt hat etwas Freies, Frohes, Leichtes (zumindest vergleichsweise innerhalb der Schweiz); Theben ist für Memphis das, was Lausanne nicht nur für Genf ist.

Lausanne wirkt auch intensiver als die anderen Sitze der Alma Mater Helvetica wie eine Universitätsstadt – die Jugend dominiert stets im Straßenbild. Institute und Erziehungsheime sind auch hier zahlreich und renommiert. Lausanne ist Sitz des Eidgenössischen Bundesgerichts und des bedeutenden Orchestre de la Suisse Romande. Die Kathedrale hoch oben ist ein eindrucksvolles Zeugnis der gotischen Baukunst und gleicht durch Lage und Anlage einer Festung. In Lausanne ist auch der Sitz zahlreicher Konzerne, hier war der Schauplatz diverser internationaler Konferenzen. Besonders gern schlossen die Türken hier Frieden: 1912 mit Italien, 1923 mit Griechenland.

Als Zentrum der Stadt gilt die Place St-François, welche beim besten Willen kein Platz ist, sondern eine unerhebliche und unzureichende Reduktion des engen und steilen Gewirrs von Gäßchen rund um eine Kirche.

Wann immer man nach Lausanne kommt, wird man die Stadt tagsüber in heftig pulsierender Bewegung antreffen. Ihr Blutdruck, ihre Körpertemperatur, ihre innere Sekretion scheinen über dem Schweizer Durchschnitt zu liegen. Wenn Provinz Verschlafenheit, Abseitigkeit bedeutet, dann ist Lausanne keine Provinzstadt.

Daß die Stadt sich ihres naturgegebenen Erdgeschosses und Hochparterres am See entäußert, mag auch mit dem Wesen dieses Sees zusammenhängen. Der Genfersee ist trotz seiner weiträumigen Stattlichkeit kein Nutzsee, sondern ein Ziersee. Er dient nicht dem Transport und dem Verkehr, die Dichte der Schiffskurse ist nur in der schönen Jahreszeit erheblich. Er eine Weide der Augen, ein Bote des Südens, er hat viele Gesichter, kann lächeln, strahlen und dräuen. Drüben, wohin man von Lausanne aus sieht, ist er französisch und gebirgig. An seinem diesseitigen, sonnseitigen Ufer sind die kleinen und großen Fischer- und Fremdenorte an einer reizvollen Küstenstraße aufgefädelt, Montreux vor allem und Vevey, wo etwa alle fünfundzwanzig Jahre, zum nächstenmal also um 1980, das große Winzerfest abgehalten wird.

Hier überall pflanzen sich die alten großen Luxushotels vor das schaudernde Auge, Produkte der schlimmsten Geschmacklosigkeit seit Erschaffung der Welt. Die Schweiz als international beliebtes Reiseland älteren Datums ist besonders reich an ihnen, nicht nur hier, auch an anderen Ufern und in Gebirgsorten aller Landesteile. Sie heißen Beau-Rivage, Bellevue, Schweizerhof, Palace, Majestic, Victoria, du Lac, de l'Europe, Grand-Hotel, Park-Hotel, und wenn man sie sieht, versteht man, was alles in unserem Jahrhundert als Reaktion auf derartige Greuel und den Geist, dem sie entsprangen, passiert ist.

Man nennt ein Hotel dieser Art gemeinhin einen ›Kasten‹ und tut damit dem rechtschaffenen gleichnamigen Einrichtungsgegenstand bitter Unrecht. »Mit tausend Türmchen geschmückt, stehen sie da, diese künstlerischen Bauten, mit zierlichen Arabesken umwuchert. Kein Fleckchen, das die reiche Phantasie der Stukkateure liebevoll mit Ornamenten zu bedenken vergessen hätte.« (Gustav Meyrink.) Der Geist, dem ein solcher Kasten seine äußeren und inneren Scheußlichkeiten verdankt, läßt auch Pessimisten unsere Zeit und ihre Baukunst als Labsal erscheinen; denn wenn wir auch gegen den guten Geschmack sündigen, sind unsere Vergehen doch vergleichsweise läßlich und demütig.

Das Vorhandensein dieser architektonischen Entartungserscheinungen ist für die Schweiz ein ernstes Problem. Vom Wunschtraum des Bürgers sind sie längst zum allgemeinen Angsttraum geworden, sie verschandeln nicht nur die allerhöchsten Gegenden, sie bedrücken das Gemüt, nicht nur der Passanten, sondern auch der Gäste. Oberflächliche Renovierung erweist sich als unwirksam. Das ist wie bei den operierten Nasen: Solange die mißgewachsene Nase da ist, meint man, daß nur sie das Gesicht entstellte. Nach dem kosmetischen Eingriff ist zwar an der Nase nichts mehr, wohl aber immer noch manches an dem Gesicht auszusetzen. Man kann nicht einfach Türmchen, Erkerchen, Giebel und andere lästige Gebilde an der Haut eines Gebäudes ausmerzen. Und wer wollte ein ganzes, großes, bestens erhaltenes Hotel abreißen und völlig neu bauen?

Vergeblich hat man darauf gehofft, daß die Bauwerke aus der bösesten aller alten Zeiten allmählich historisch und damit würdig oder zumindest rührend werden würden. Doch die fortschreitenden Jahre lassen alle victorianisch-wilhelminischen Sünden nur noch übler und schlimmer erscheinen, besonders in der Schweiz, wo die kontinuierliche Prosperität eine besonders provokante Wohlerhaltenheit verbürgt. Was man vielleicht als verfallene Ruine, als Menetekel, als Mahnung und Abschreckung für künftige Geschlechter akzeptieren könnte, hat hier zeitgemäßen Komfort und entsprechende Tarife.

In Montreux haben sie sogar einen Bahnhof im Stil des Victoria-Palace. Wie alle Bahnhöfe der Schweiz wird auch er Schritt für Schritt in gutem, hellem, freundlichem Stil erneuert und entschnörkelt. Auch die neugebauten und die renovierten mittleren und kleineren Hotels sprechen in angenehmer, meist sogar beispielgebender Manier die architektonische Sprache unserer Zeit. Um so beängstigender werden die reichverzierten unförmigen Wundmale am Gesicht der Städte und Landschaften. Nicht nur die Inder, auch die Schweizer haben ihr Kastenproblem und laborieren an der Ausmerzung des Kastengeistes.

Lausanne wird gewiß von Gästen aller Art zu kurzem oder langem Aufenthalt besucht. Aber Lausanne wäre ohne Gäste, Besucher, Fremde, Passanten und sonstige Nichthiesige immer noch Lausanne, nicht viel anders, als wir es kennen.

Genf, nur von Genfern erfüllt, ist nicht Genf. Genf scheint konstitutionell darauf angewiesen zu sein, überschwemmt zu werden wie die Ufer des Nil. Genf bedarf nicht nur der Reisenden, sondern auch der internationalen Organisationen, der Kongresse und Konferenzen. Genf, eine echte und städtische Stadt, hat viele Züge eines Kur- oder Badeorts mit einem besonders rührigen Verkehrsverein. Viele seiner Anlagen und Attraktionen scheinen nicht von den Bürgern der Stadt für die Bürger gestaltet, sondern im Hinblick auf den Dienst am zugereisten Kunden.

(An dieser Stelle unterbrechen die Genfer Leser dieses Buchs die Lektüre und werfen den Band unmutig von sich – sofern sie dies nicht schon bei der Lektüre der vergleichsweise freundlichen Darstellung von Lausanne getan haben.)

Genf ist eine Stadt der Springbrunnen. Springbrunnen haben etwas Verdächtiges. Nichts gegen echte, alte, würdig gefaßte Brunnen von einst! Wohl aber einiges gegen Wasser als Selbstzweck im Dienst des Kunstgewerbes!

Genf, durch seine Lage am Ende eines großen Sees mit einem besonders großen Kontingent von Quais bedacht, gestaltet diese Quais zugegebenermaßen attraktiv, doch im Stil der Esplanade, der Kurpromenade: ein Ziersee mit Zierufern. Genf hat ein Casino, auch Kursaal genannt (in Zürich undenkbar!); zwei Attraktionen sind hier die Freude der Besucher: eine Blumenuhr, die auf grünem Rasen in bunten Farben blumig die Stunden und Minuten angibt, und der ›Jet d'Eau‹, das Wahrzeichen der Stadt, eine Fontäne, die etwa hundert Meter hoch aus dem See aufsprudelt. Dieses Wahrzeichen muß bei starkem Wind abgedreht werden, da es die Passanten am Ufer benetzen würde.

Genf ist eine Stadt für schönes Wetter. Dieses ist auch die Voraussetzung für eine weitere Genfer Attraktion, für den Mont-Blanc, der zwar in Frankreich liegt, aber von hier aus bestens, besser als anderswoher, zu sehen ist, falls er zu sehen ist. Bei meinen Besuchen in Genf hielt ich die Behauptung, man sehe von Genf aus den Mont-Blanc, für eine Legende, denn immer wieder hieß es: »Dort liegt er! Sonst sieht man ihn immer!«, und er war nicht zu sehen. Schließlich habe ich ihn dann doch gesehen; aber es bedarf hierzu eines integral wolkenlosen Himmels. Wenn auch nur eine einzige Wolke da ist, befindet sie sich gewiß vor dem Mont-Blanc und verdeckt ihn den Blicken der von Genf aus zu ihm hin Schauenden.

Vom Bahnhof mit seiner schweizerisch traditionellen zentralen Lage ist man alsbald im Zentrum der Stadt, am Pont du Mont-Blanc, wo der See aufhört, ein solcher zu sein, und zur Rhône wird. Eben ist er noch blau und unbewegt, kurz darauf ist sie grün und fließt. Am Ende des Sees ist die kleine Rousseau-Insel, als attraktives Schmuckkästchen gestaltet – am Anfang des Rhône-Laufs ist ein Elektrizitätswerk. Der Lauf des Flusses wird von der Stadt vernachlässigt, die Gegend wirkt alsbald wie ein Hafenviertel ohne Hafen. Man hat der Rhône die Betreuung durch wohlgepflegte Länden und Uferpromenaden vorenthalten, man hatte mit den Ufern des Sees diesbezüglich genug zu tun.

Schon am Bahnhof fielen die zahlreichen Wegweiser als charakteristisch auf. Rechts geht es nach Paris. Links geht es auch nach Paris. An manchen Stellen der Stadt geht's rechts nach Paris, links nach Lyon. Eine einzige Straße führt von Genf nicht nach Frankreich, sondern . . . man ist versucht zu sagen: ›in die Schweiz‹ . . . nach Lausanne. Sie wird ›Route de Suisse‹ genannt.

Die ausfließende Rhône teilt die Stadt in zwei Hälften. Mit ›rechts‹ und ›links‹ werden wir nicht weit kommen – nennen wir sie: das Nord- und das Südufer des Sees. In der Gegend des Südufers befindet sich ein Pressezentrum, dessen ständige Vorhandenheit sich um der zahlreichen Konferenzen willen als nötig erwies. Hier ist auch ein großer Platz, der nichts mehr vom Kurort an sich hat, sondern gehörig städtisch, sogar großstädtisch wirkt, hier ist das Theater, ein Museum, das Konservatorium, ein Park – dahinter die Universität – und ein wenig schönes Reiterdenkmal. An diesen Platz grenzt der Hügel, an dem 1602 ein Angriff gegen die Stadt, die sogenannte ›Escalade‹, vergeblich versucht wurde.

Nun steigen wir auf diesen Hügel und sind damit in der Altstadt von Genf, die ihresgleichen sucht unter den Städten und den Altstädten der Städte. Wir sind nur etwa zwanzig Meter über dem Spiegel des Sees, der ganz nah von hier ist. Auch die Plätze und Straßen und Gärten der unteren Stadt sind mit wenigen Schritten zu erreichen. Und doch scheinen See und Stadt, scheint Genf so fern von hier. Oder ist dies hier Genf und alles andere Entartung?

Die notorischen Bewohner der Altstadt sind wohl dieser Ansicht. Dieses erhöhte Genf ist eine Enklave innerhalb Genfs, innerhalb der Welt von heute. Hier hausen die sogenannten Genfer Aristokraten, französische und italienische Hugenotten meist, die sich hierher retteten, nicht sonderlich begütert, aber um so stolzer und exklusiver. Sie leben hier ihr Leben mit dem Rücken zum See, mit dem Rücken zur Stadt, nur sich und einander zugewandt, innere Emigranten mit dem Rücken zur heutigen Zeit, in Opposition zur Welt der letzten hundert Jahre. Es gibt wohl keine wirklichkeitsfremdere Haltung als die Einstellung dieser Genfer Aristokraten. Es ist, als würde eine Gruppe von Neu-Engländern in den Vereinigten Staaten die Unabhängigkeitserklärung negieren, als würden Venezianer heute noch der Herrschaft des Dogen nachtrauern.

Man könnte sich zur Not die Wiederkunft der Royalisten in Frankreich vorstellen, man könnte mit äußerster Überwindung eine minime Chance der habsburgischen Restauration für denkbar halten, man könnte den russischen Emigranten die Möglichkeit der Rückkehr unter veränderten politischen Aspekten konzedieren. Doch wie sollte die Verfassung der Republik Genf jemals wieder ihre demokratische Form zum alten konservativ feudalen System rückbilden?

In die Altstadt von Genf dringt das schöne Wetter nicht, sie ist dunkel und düster und finster und eng und spricht deutlich von der besonders grausamen und blutigen schrecklichen Vergangenheit der Stadt. In einer Halle stehen fünf Kanonen, die 1814 von den Österreichern erobert worden waren. Drei Kanonen wurden 1814 und 1815 zurückgegeben, zwei erst 1923. Diese Altstadt von Genf hatte nach hundertzehn Jahren noch den Impuls, die Rechnung von damals zu begleichen und von der Republik Österreich zurückzufordern, was der Kaiser ihr im Krieg abgenommen hatte.

Eingezwängt in die Häuser und Gassen, die sich wie unter ihrem Schutz an sie schmiegen, steht auf dem höchsten Punkt des Hügels die Kathedrale mit ihrem stillosen klassizistischen Säulenportal, ihren dreierlei Türmen und ihrer Terrasse, von der man den See nicht sieht. Hier ist auch das Rathaus, ein Bau ohne Treppen, mit einer Rampe ausgestattet, auf daß man zu Pferd die oberen Stockwerke erreichen kann.

Hier ist Jean-Jacques Rousseau geboren worden und Johannes Calvin gestorben.

Man steigt hinunter, ist nach wenigen Schritten wieder in Genf (oder nicht mehr in Genf): in der Wirklichkeit der Zieranlagen, des Hafens für Spazierdampferfahrten, der Blumen, Promenaden, Springbrunnen. Man spaziert über den Pont du Mont-Blanc und am Quai des nördlichen See-Ufers entlang, wo das besonders häßliche ›Monument Brunswick‹ dem Auge wehtut. Und man ist noch vom gespenstischen Eindruck der Altstadt bedrängt, wenn sich ein neuer Alptraum darbietet, neueren Datums und drum nur um so makabrer.

Es ist so leicht, eine Satire über den Völkerbund zu schreiben; drum ist's so schwierig, über diesen Völkerbundspalast zu schreiben. Hier ist ein großes Mahnmal der Vergeblichkeit zu besichtigen, eines Scheiterns, das sich nicht zur Kenntnis nimmt. Was als Wahrzeichen der Einigung gedacht war, wurde schon vor der Fertigstellung zum Unwahrzeichen.

Wie das ganze neuere Genf war auch dieser Palast auf schönes Wetter hin angelegt, das aber, zum Unterschied von der Genfer Saison, die Genfer Sessionen radikal boykottierte. Und leider kann man zwar den Jet d'Eau, nicht aber den Völkerbundspalast bei ungünstiger Witterung abdrehen.

Der französische Name ›Palais des Nations‹ täuscht glücklich darüber hinweg, daß der Völkerbund (Société des Nations), dessen Zentrale hier angesiedelt war, längst zerfallen und durch die neue Firma der UN (United Nations) abgelöst ist.

Der Völkerbundspalast, das zweitgrößte Palais von Europa, wurde 1929 begonnen und 1936 fertiggestellt, als es den Völkerbund eben nicht mehr gab. Er gleicht einem Bahnhof, bei dem man die Züge und das Geleise vergessen hat. Er wirkt wie ein Vatikan ohne die dazugehörige weltumspannende Kirche. Er ist eine Residenz ohne Land, ein in die Breite, statt in die Höhe sich ausdehnender babylonischer Turm, der die große Verwirrung überwinden sollte und erst recht dargetan hat. Er liegt da, prächtig, großzügig, luxuriös, kostspielig, sehr praktikabel und unausgenützt, eine Geisterstadt der Internationalität.

Die Genfer Altstadt drüben am südlichen Ufer hat ihre Geschichte gelebt und lebt in ihr fort. Der Völkerbundspalast hier am Nordufer mit seiner grandiosen Aussichtsterrasse wollte Geschichte gestalten und kam nicht dran.

Wäre ich Politiker, ich würde keine Begegnung hierher verlegen. Der Völkerbundspalast ist ein böses Omen. Ich weiß nicht einmal, ob ich mich hier gern an einem Kongreß der Dentisten, einer Tagung der Biochemiker, einer Begegnung der Paläontologen beteiligen wollte.

Irgendwo in einem Winkel des gewaltigen Komplexes tagte, als ich ihn besichtigte, die internationale Laos-Konferenz. Irgendwo in einem anderen Winkel tagte die ewige Abrüstungskonferenz. Beide verloren sich in dem Riesenareal ebenso wie die diversen internationalen Ämter, die man gnadenhalber hierher verlegt hat, weil der Palast nun einmal da war, sich verlieren: die Rauschgift-Kommission, das Flüchtlings-Hochkommissariat, die Gesundheitsorganisation.

Die große Bibliothek funktioniert. Der große Sitzungssaal konnte gerade nicht besichtigt werden, weil er umgebaut wurde. Die Führung ähnelte den Besichtigungen, die Rudel von Besuchern durch uralte Schlösser schleusen, nur ohne das charakteristische ›vierzehntes Jahrhundert‹, ›sechzehntes Jahrhundert‹, ›achtzehntes Jahrhundert‹ des Führers – da hier alles Tote und Historische von der Mitte des zwanzigsten Jahrhunderts stammt.

Von der Bibliothek abgesehen, wirkte nur ein Raum wirklich lebendig. Dort haben die besichtigenden Rudel vor Beginn des Rundgangs zu warten. Die Ansichtskarten dominieren. Auch werden Briefmarken der Vereinten Nationen verkauft, doch sind sie nur gültig, wenn Karten oder Briefe in den einzigen in diesem Raum befindlichen Briefkasten eingeworfen werden. O weltumspannender Bund! Der Briefkasten wurde am nächsten Tag um 9 Uhr 45 geleert; die Briefkasten draußen außerhalb des Palastes schon an diesem Abend um 19 Uhr.

Der Völkerbundspalast ist ein durch die Konfrontation seiner repräsentativen Großzügigkeit und seiner gewaltigen Zwecklosigkeit erschütternd tragisches Symbol menschlicher Ohnmacht. Was als großes, übergeordnetes Zentrum des politischen Kreislaufs angelegt war, dient jetzt als Sehenswürdigkeit und wird gelegentlich für besondere Anlässe kurzfristig in Gebrauch genommen.

Von allen Gräbern dieser Erde ist dieses das tristeste: das Grabmal des unbekannten Friedens.

Wenn man vom Genfer Bahnhof zum See hinunter geht, sieht man an der linken Straßenseite ein Palais. Aha, die erste Sehenswürdigkeit – denkt der Ortsunkundige – die Nationalbank, die Kantonsregierung, vielleicht gar der Völkerbundspalast? Es ist das Genfer Hauptpostamt.

Wenn man sich auf dem Bahnhofplatz in Schaffhausen nach einem Restaurant umsieht, entdeckt man ein besonders stattliches, ansprechendes Gebäude, das von fern das führende Hotel der Stadt zu sein scheint. Es ist das Postamt.

Die Schweizer Postämter liegen meist in der Nähe des Bahnhofs, aber nicht nur dort. Selbst in vergleichsweise kleinen Orten gibt es ihrer mehrere, man begegnet ihnen auf den Streifzügen durch die Städte und auch Dörfer in unerhörter Dichte. Man muß sie nicht aufsuchen, sondern wird gleichsam von ihnen aufgesucht.

Daß es in Zürich neunundvierzig Postämter und Paketannahmestellen gibt, in Basel deren sechsunddreißig, in Bern achtundzwanzig, in Genf vierundzwanzig, in Lausanne einundzwanzig, wäre schon imposant genug. Doch selbst Luzern zählt achtzehn, St. Gallen fünfzehn, Winterthur vierzehn, Neuchâtel zehn, Biel neun. Die postalische Dichte reicht tief hinunter bis Aarau (fünf), Solothurn und Locarno (je vier), Zug und Kreuzlingen am Bodensee (je vier), Olten und St. Moritz (je drei), Buchs, Burgdorf, Montreux, Riehen bei Basel, Vevey (je zwei), und sie reicht hoch hinauf, indem auf den Bergen und Höhen und Pässen, wo immer dies denkbar ist, auch ein Büro der PTT waltet oder sich zumindest vertreten läßt, auf dem Rigimassiv allein an zehn Stellen.

Die Telephonkabinen ergänzen und erhöhen die postalische Allgegenwart. Überflüssig zu sagen, daß die Schweiz längst vollautomatisiert ist, daß man überallher überallhin im Nu zu sprechen vermag, daß die Präzision der SBB in der Präzision der PTT ihr vollkommenes Pendant hat. Die Postämter liegen nicht versteckt, sie bieten sich dar, ebenso auch die Telephonkabinen und Briefkasten. Diese nehmen dem Hochgebirge und dem abgelegenen Weiler ihren Schrecken, denn tief hinein und hoch hinauf in die Einsamkeit, wohin immer Menschen zu dringen vermögen, dringen auch die PTT.

Den Schweizer Gipfel kennzeichnet nicht nur das Gipfelkreuz wie die anderen Gipfel der Erde. Zum Gipfelkreuz kommt in der Schweiz der Papierkorb und der Briefkasten.

Man fühlt sich, beansprucht man die PTT, nicht der Gnade eines Beamtenapparats ausgesetzt, der widerwillig dem Dienst obliegt, man fühlt sich als Kunde betreut. Die Post läßt sich ihre Vollkommenheit sichtlich etwas kosten und erneuert ihre Gebäude innen und außen aufs angenehmste. Die Hallen und Schalterräume sind hell und groß und, wie die Bahnhöfe der Schweiz, von wohltuend neuzeitlicher Freundlichkeit, weit und frei, ohne extrem modern zu sein. Obwohl (oder weil) in die Post sichtlich viel Geld investiert wird, sind die PTT wie die SBB nicht defizitär, sondern erwirtschaften jährlich ihren Überschuß.

Wie die SBB auf alle erdenklichen Besonderheiten des Reisens, sind auch die PTT auf alles, was im Bereich des Korrespondierens, Telegraphierens und Telephonierens vorfallen kann, vorbereitet. Wird beispielsweise ein Brief irrtümlich unfrankiert in den Kasten geworfen, erleidet er keine Verzögerung. Der Absender bekommt ein Formular, das ihn zum Nachzahlen des Portos auffordert. An einen meiner Zürcher Freunde kam eines Samstags ein Eilbrief an die Geschäftsadresse. Die Post nahm an, daß der Brief wichtig sei, eruierte die Privatadresse des Empfängers und stellte ihn dorthin zu.

Die Bahn- und Postdienste der Schweiz sind vollkommen – Zivilisation, die in Kultur umschlägt – aber dieser Hymnus auf sie wird Schweizer Leser vermutlich ebenso in Erstaunen setzen wie andere Ausbrüche der Begeisterung über die Schweizer Zulänglichkeit. »Das ist doch klar!« werden sie sagen. Stimmt – aber wo wäre das, was klar zu sein hätte, heute nicht getrübt?!

Die ›Pöstler‹ und Eisenbahner der Schweiz wären nicht so sensationell, wenn Pöstler und Eisenbahner ihrer und unserer Nachbarstaaten wie sie wären, wenn sie wären, wie sie eigentlich zu sein hätten. Daß sie dies nicht sind, ist gewiß keine Leistung der Schweizer Pöstler und Eisenbahner, aber gewiß ein Positivum der Schweiz und überdies charakteristisch für sie.

Nein, es kommt nicht daher, daß die Schweiz an unseren Weltkriegen nicht teilgenommen hat; es kommt auch nicht vom Reichtum der Schweiz. Wir sind auf dem Weg über SBB und PTT hiermit zu einer Wurzel des schweizerischen Phänomens vorgedrungen, zur Demokratie.

Die Schweizer sehen den Staat nicht als ein dräuendes Feindseliges irgendwo oben. Wenn sie sich mit ihm auseinandersetzen, dann auf gleicher Ebene, sofern sie nicht auf ihn hinabsehen, ganz echt, aus Überzeugung. Der Staat, nämlich seine legislativen und exekutiven Organe, das ist nur ein notwendiges Übel, nicht ein Moloch, der sie beherrscht, sondern ihr Untertan.

Die Schweizer haben keinen Respekt vor den Repräsentanten des Staats. Solche muß es geben, aber das ist kein Grund, ihnen zu huldigen, sie zu verehren oder Angst vor ihnen zu empfinden. Ein Schweizer Minister (er heißt Bundesrat) ist kein höheres Wesen. Einer muß das eben tun – beinahe so, wie wir es etwa vom Straßenkehrer sagen, der gewiß nützliche Arbeit leistet, aber ebenso gewiß darum nicht besonders respektiert wird.

Einst fuhr Bundesrat N. in der Eisenbahn, mitten unter den gewöhnlichen Leuten wie alle Schweizer Bundesräte, und kam mit einem Herrn ins Gespräch. »Sie sehen aber dem Bundesrat N. ähnlich!« sagte der Herr; »Wissen Sie das?« – »Ja«, antwortete Bundesrat N., »das hat man mir schon oft gesagt.« – »Danken Sie Gott, daß Sie's nicht sind!«

Die Angelegenheiten des Staats (und des Kantons und der Gemeinde) werden vom Volk der Eidgenossen gewissen Organen zur Erledigung übertragen, doch geschieht dabei durchaus nicht das, was diese Organe, sondern stets das, was die Auftraggeber wollen. Der eigentliche Staat sind nicht die Ämter und Behörden und Kanzleien, sondern ihre Herren, die Stimmbürger. Sie wählen ihre Räte, ihre Lehrer, ihre Richter, und sie kümmern sich auch darum, daß ihre Diener gut arbeiten.

In welchem anderen Land stehen die Minister im Telephonbuch? Das auch sonst sehr lesenswerte Telephonbuch der Schweiz enthält in der Abteilung Bern die Schweizer Bundesräte, nicht nur die Telephonnummern der Ämter, sondern auch der Privatwohnungen. Ist ein Bundesrat außerhalb Berns wohnhaft und verbringt er beispielsweise sein Wochenende zuhause in Neuchâtel oder Solothurn, dann verzeichnet das Telephonbuch auch die Nummer, unter der er samstags und sonntags zu erreichen ist.

Obwohl Republik, kennt die Schweiz den Begriff ›Souverän‹ und wendet ihn häufig an, aber in sehr überraschender Bedeutung an. Der ›Souverän‹, das ist das stimmberechtigte Volk, das immer wieder zu entscheiden hat. Und so konnte man denn etwa in einer Zeitung lesen: »Der gutgelaunte Horgener Souverän hat am Sonntag allen drei Vorlagen der Behörden zugestimmt.« Die Einwohner der kleinen Gemeinde im Kanton Zürich haben nämlich den Verkauf von Industrieland mit 1226 zu 784 Stimmen, den teilweisen Erwerb einer Liegenschaft mit 1670 Ja und 365 Nein und einen Kredit von 320000 Franken zur Erstellung eines Neubaues als Ersatz für eine Kindergartenbaracke mit 1474 gegen 546 Stimmen bewilligt. Alle drei Transaktionen mußten allen Horgenern zur Gutheißung unterbreitet werden.

Oft ist der Souverän weniger gut gelaunt, oft verwirft er eine Vorlage, selbst wenn sie von allen politischen Parteien zur Annahme empfohlen wurde. Er hat alle Launen eines echten Souveräns, mit denen die Untertanen in den Ratsstuben rechnen müssen. Es kann sich ergeben (und es hat sich ergeben), daß ein Bundesrat oder anderer hoher Funktionär eine bestimmte Maßnahme energisch befürwortet, sich für sie einsetzt und ihr Gegenteil mit aller Macht bekämpft. Kommt es zur Abstimmung und wird die vorgeschlagene Maßnahme verworfen, dann tritt der betreffende Bundesrat oder hohe Funktionär nicht zurück. Er führt durch, was ihm vom Volk aufgetragen wurde.

Das Schweizervolk behält immer recht, selbst wenn es Unrecht haben sollte. Und es weiß immer sehr genau, was es will. Da es reist, korrespondiert, telegraphiert und telephoniert, will es, daß seine Bahnen und Postdienste klaglos funktionieren. So können diese nicht umhin, klaglos zu funktionieren.

Man hat der Schweizer Vorliebe für Wahlen und Abstimmungen oft belächelt; doch wer derart lächelt, macht sich verdächtig. In anderen Staaten wird die Demokratie sonntags in Reden gefeiert, hier wird sie werktags gelebt und sonntags im Wahllokal gestaltet. Die Beschlüsse der eidgenössischen, kantonalen und kommunalen Räte sind an sich noch nicht bindend, sie unterliegen teils obligatorisch dem Votum des Souveräns, teils können viele auf sehr einfache Manier zum Gegenstand einer Abstimmung gemacht werden. Nur die durch qualifizierte Mehrheit ausdrücklich als ›dringlich‹ erklärten allgemeinverbindlichen Bundesbeschlüsse sind von der Abstimmung ausgenommen; doch die Geltung solcher dringlichen Beschlüsse ist befristet. Auch kann eine vergleichsweise geringe Zahl von Stimmberechtigten (oder ein einzelner Kanton) auf dem Weg der ›Initiative‹ eine Verfassungsänderung begehren, die hierauf dem Souverän zur Beschlußfassung vorgelegt werden muß.

Alle diese Rechte und ihre Ausübung sind dem Schweizer selbstverständlich. Er betreibt Politik nicht nur einmal in soundsoviel Jahren, sondern immer wieder und in vielfältiger Form. In seiner politischen Seele spiegelt sich die Vielfalt der

Kompetenzen und Interessen. Er ist Souverän seiner Heimatgemeinde, seines Heimatkantons und der Eidgenossenschaft. Er müßte also mit sich selbst dauernd im Streit liegen.

Denn man soll nicht glauben, daß die Musterdemokratie glatt, reibungslos, klaglos und harmonisch funktioniert. »C'est plein de disputes, le bonheur«, sagt Anouilhs Antigone zu Haemon im tragischen Gedenken an eine Ehe, die sie nicht mit einander leben werden. Das Glück ist voller Zwiste – Glück ist nicht die Vermeidung, sondern die Überwindung von Widerständen, perfekte Demokratie gleicht nicht der glücklichen Liebe, sondern der guten Ehe; sie ist, wie diese, keine ideale, wohl aber die denkbar beste Form des Zusammenlebens.

Von ihr (der Ehe und der Demokratie) gilt, was Thornton Wilder seine Mrs. Antrobus in ›Wir sind noch einmal davongekommen‹ über die Familie sagen läßt: »Ich möchte wissen, was gegen die Familie einzuwenden ist. Haben Sie etwas anderes dafür anzubieten?«

Was wir Lehrjungen und Gesellen, wir Anfänger und Dilettanten der Demokratie von ihren Schweizer Weltmeistern lernen sollten: Demokratie besteht nicht im Vermeiden, sondern im fairen Austragen von Konflikten und Skandalen. Die Demokratie ist nicht unvollkommen, wenn etwas passiert, sondern erst dann, wenn daraus nicht die entsprechenden Konsequenzen gezogen werden.

In der Demokratie namens Schweizerische Eidgenossenschaft arbeiten die Einzelnen nicht einträchtig Hand in Hand, sie liegen alle auf der Lauer, bereit, einander anzuspringen: die Parteien, die Konfessionen, die Berufsgruppen, Bauern und Städter, Alemannen, Gallier und Römer, Gemeinden, Kantone, Bund. Der eidgenössische Friede ist das Produkt permanenter Streitigkeiten. Die beinahe siebenhundertjährige Geschichte der Schweiz ist die Abfolge von Zwist, Hader, Auseinandersetzung, Fehde, Spaltung und Bruderkrieg. Seit dem Jahre 1847 werden diese Händel nicht mehr auf freiem Feld, sondern im Saal ausgetragen. Sie brechen auch nicht mehr aus, sondern haben sich in Permanenz erklärt.

Es ist dabei für unsereinen höchst ergötzlich und wahrhaft erhebend, wie sich die zivilen Waffengänge nicht etwa hinter verschlossenen Türen, sondern ganz öffentlich abspielen. Als sich jüngst beispielsweise einige kleine Gemeinden von den kantonalen Behörden durch deren Landkäufe hintergangen fühlten, beriefen sie die Presse zu einer Konferenz und sprachen dabei von

›unverständlichem und unwürdigem‹ Vorgehen, von der ›unfairen, der Gemeindeautonomie Hohn sprechenden Überrumpelung‹ der Kantonsregierung. Ja ein Kantonsrat äußerte, daß das Vorgehen des Regierungsrats nicht nur merkwürdig gewesen sei, sondern ›illegal ... ein krasser Rückfall in das gnädige Herrentum‹.

In solch rauher Tonart spielen sich die zivilen Kriegshandlungen ab. Und nur das eigentliche Instrument des Kriegs, die bewaffnete Macht, ist von diesem Kampf ausgenommen.

Liberté, diversité, fraternité

Die offiziellen militärischen Rangbezeichnungen der Schweizer unterscheiden sich – wie könnte es anders sein – von denen anderer Staaten. Die Schweiz liebt den bürgerlich vereinsmäßigen Rang des Präsidenten (Stadtpräsident, Gerichtspräsident, Schulpräsident), sie hält sich auch gern an das Archaische (der Gerichtsdiener heißt ›Weibel‹, die Exekution wird durch das ›Betreibungsamt‹ vollzogen). Bei den Rängen der Armee, die sich von denen anderer Armeen unterscheiden, kennt sie den Brigadier, den Divisionär, den Korpskommandanten. Einen General kennt sie in Friedenszeiten nicht. Dieser wird im Fall der Mobilmachung von den vereinigten beiden Kammern der Eidgenössischen Räte gewählt.

Nur dem General wird zuteil, was andere Völker ihren Staatsoberhäuptern angedeihen lassen, er ist populär, er wird gefeiert, sein Bild ist überall anzutreffen. Nur im Fall militärischer Bedrohung ergibt sich in der Schweiz die Erhöhung eines Einzelnen zum Symbol der Heimat, und selbst dann, da ja das Volk der Helvetier äußerlich und innerlich auf derlei Aufblicke in keiner Weise vorbereitet ist, ohne Personenkult und Byzantinismus.

Das Staatsoberhaupt aber ist ganz bewußt jeder besonderen Erhöhung entzogen. Aus dem Gremium der sieben Bundesräte, also aus der Regierung, wird im Turnus alljährlich einer zum Präsidenten gewählt. Er ist einfach der Vorsitzende des Ministerrates, er behält die Leitung seines Ressorts bei und darf im kommenden Jahr nicht wiedergewählt werden. So wie in den Vereinigten Staaten ist auch in der Schweiz der Regierungschef zugleich Staatschef, doch, anders als dort, wird er vom Parlament, nicht vom Volk gewählt; die Verfassung der Vereinigten Staaten gibt dem Präsidenten ein Maximum, die eidgenössische

Verfassung gibt ihm das absolute Minimum an Privilegien und Macht. Denn der eigentliche Souverän ist hier ja das Volk.

Im Kollegium der sieben Bundesräte sollen traditionsgemäß die Kantone Bern, Waadt und Zürich durch je einen Vertreter repräsentiert sein. Diese Maxime ist Gewohnheitsrecht. Auch sonst ist die Zusammensetzung dieses Gremiums höchst subtil; denn sie soll die politischen Parteien im Verhältnis ihrer Stärke berücksichtigen, sie soll möglichst einen italienischsprechenden und zwei französischsprechende Bundesräte und darf keinesfalls mehr als einen aus jedem Kanton umfassen. Die Bundesräte werden, einmal gewählt, alljährlich wiedergewählt, bis sie zurücktreten. Das Parlament wechselt die Gesichter, die Regierung behält das ihre. Die höchsten Politiker gewinnen dadurch das Air von Beamten, das parlamentarische Spiel der Regierungskrise und des Regierungswechsels ist unbekannt.

Die Macht der Parlamente ist vergleichsweise bedeutend – diese machen dem Bundesrat viel zu schaffen und bestehen aus zwei Kammern, die ihrerseits auch einander viel zu schaffen machen. In den Nationalrat entsenden alle vier Jahre im Herbst je 24 000 Stimmberechtigte einen Vertreter, wobei auf Grund eines komplizierten Verfahrens das Listenwahlrecht aufgelockert ist: man kann reihen, streichen, kombinieren. In den Ständerat aber entsendet jeder Kanton zwei Vertreter, wobei ihm die Amtsdauer und der Wahlvorgang freisteht.

Der Ständerat ist der föderalistische Hemmschuh gegen jede zentralistische Abweichung. Hier gelten die beiden Stimmen der Zwergkantone Zug oder Appenzell ebensoviel wie die beiden Stimmen der Kantonsriesen Bern und Zürich. Hier liegen die Majoritätsverhältnisse völlig anders als im Nationalrat.

Die Verschiedenartigkeiten der Schweiz sind also nicht einheitlich, sondern ihrerseits auch höchst verschiedenartig verkörpert, die Reibungen vollziehen sich nicht in einer Ebene, sondern in ständig wechselnden Konstellationen.

Ihren gebührenden Anteil an dem erregenden Kräftespiel hat auch die Tagespresse der Schweiz; mit ihren rund vierhundert politischen Tageszeitungen ist sie ein Spiegel der Nichtkonformität, des hochentwickelten Individualismus. Ich bin auf meinen Reisen durch die Schweiz nicht nur den großen Blättern der großen Städte begegnet, sondern auch dem ›Journal du Jura‹, dem ›Franc-Montagnard‹, dem ›Impartial‹ im Jura, dem ›Oberländischen Volksblatt‹ in Interlaken, dem ›Nouvelliste du Rhône‹, dem ›Journal de Sierre et du Valais Central‹, der

›Feuille d'Avis du Valais et de Sion‹ und dem ›Walliser Boten‹ im Wallis, dem ›Freien Rätier‹ und dem ›Boten der Innerschweiz‹ und der ›Schweizerischen Milchzeitung‹, die überraschenderweise in Schaffhausen herauskommt. Als regulärer Staat hat jeder Kanton selbstverständlich sein Amtsblatt.

Das Vorhandensein einer Zeitung einer bestimmten Richtung in einem bestimmten Gebiet löst in diesem Gebiet automatisch die Anwesenheit mindestens einer Zeitung gegnerischer Richtung aus.

In diesem ganzen großen Spiel ist die Sozialdemokratie noch gar nicht sehr lange ein völlig gleichberechtigter Partner gleichen Ranges. Im revolutionären Herbst von 1918 ging die Schweizer Arbeiterschaft auf die Straße – echte soziale Unruhe manifestierte sich in einem Generalstreik und brachte die Eidgenossenschaft an den Rand einer Staatskrise. Die SPS war erst in den dreißiger Jahren soweit, die Landesverteidigung zu bejahen und die Schweizer Fahne bei ihren Umzügen mitzuführen. Im zweiten Weltkrieg wurde dann erstmals auch ein Sozialdemokrat in den Bundesrat gewählt. Seither ist, mehr denn je, das klassische Gegeneinander von Regierung und Opposition in der Schweiz unbekannt, weil überflüssig. Alle sind im Parlament, alle sind an der Führung der Geschäfte beteiligt und alle sind in der Opposition. Alle sind dafür, indem sie dagegen sind. Helvetia omnis divisa est.

Die bekannte Formel zur Erschlüsselung der Schweiz ›Unité par la diversité‹ heißt nicht ›Einigkeit in der Vielfalt‹ und auch nicht ›Einheit in der Vielfalt‹, sondern ›Einheit durch Widerstreit‹: Brüderlichkeit mit Einschluß der Raufereien, die unter Brüdern auch in den besten Familien üblich sind – Freiheit mit Einschluß der Freiheit, einander die ärgsten Schwierigkeiten zu bereiten – Gleichheit zum Zweck der offensiven und defensiven Betonung sämtlicher denkbarer Verschiedenartigkeiten.

Die Freiheiten und Gleichheiten und Verschiedenartigkeiten in höherer Brüderlichkeit aufzulösen, gelingt nur der Schweizer Armee. Auch auf sie einen Blick zu werfen, ist empfehlenswert und lehrreich für die Anfänger und Dilettanten des freien Zusammenlebens und seiner Formen. Er lehrt, daß man Pazifist und doch nicht Antimilitarist sein kann, daß Militär an sich weder gut noch böse ist, nicht Zweck, sondern Mittel zu höchst entgegengesetzten Zwecken.

Man mag gegen ein Loblied auf die Schweizer Armee einwenden: »Wer sagt uns, daß die Schweizer Armee wirklich so gut ist?

Sie hat das doch in diesem Jahrhundert noch nicht bewiesen!« Auf diesen Einwand könnte man antworten: »Vermutlich brauchte sie es deshalb nicht zu beweisen, weil sie so gut ist.«

Die Tradition und Vergangenheit legitimieren die Schweizer als Urbilder der Wehrhaftigkeit. Sie waren nicht nur von fremden Herren als Soldaten höchst begehrt, sie danken nicht nur die Anfänge ihrer Unabhängigkeit spektakulären militärischen Leistungen, sie haben immer wieder glanzvolle Beispiele großer kriegerischer Tüchtigkeit gesetzt. Schweizer haben nur Schlachten verloren, wenn sie gegen Schweizer zum Kampf angetreten sind. Ein einzigesmal unterlagen die Eidgenossen einer gewaltigen Übermacht: 1515 in der Schlacht von Marignano. War diese Niederlage auch ein moralischer Sieg, wie der Rückzug von Dünkirchen – denn die Eidgenossen »verzweifelten daran, den Sieg gewinnen zu können, ließen zur Sammlung blasen, wendeten die Heerhaufen, indem sie fortwährend die gewohnte Ordnung beibehielten. So kehrte der Rest des Heeres in voller Schlachtordnung, und immer die gleiche Kampfwut in Gesicht und Augen zeigend, nach Mailand zurück ...« – und die Kriegsentschädigung zahlte in diesem Fall der Sieger den Besiegten ... War diese einzige große Niederlage auch fast ein Sieg, so wirkte sie doch als Schock oder als Mahnung auf die Eidgenossen und bestimmte ihre künftige weltpolitische Haltung. Die Schweizer blieben gesuchte und gefürchtete Soldaten, die Schweiz aber war nicht mehr kriegerisch und nur noch wehrhaft.

Dies äußert sich bis heute in vielerlei Einzelzügen, aus denen sich das Bild der schweizerischen Landesverteidigung zusammensetzt. Es ist zwar nicht mehr so, daß die Infanterie (wie bis 1874) Kantonssache ist und die übrigen Waffengattungen Bundessache sind; doch ist auch nach Überwindung dieses Stadiums die föderalistische Gesinnung auch in der Armee sehr wirksam. Nicht daß die Aargauer andere Uniformen oder anderskalibrige Munition hätten als die Urner – doch ist die Ernennung und Beförderung von Offizieren den Kantonen vorbehalten. Und bei der Entlassung der Sechzigjährigen aus dem Wehrdienst hält der kantonale Regierungsrat, dem das Wehrwesen untersteht (Militärdirektor), in Zivil, eine Ansprache und drückt jedem einzelnen entlassenen Wehrmann die Hand. Wein aus dem (kantonalen) Staatskeller wird ausgeschenkt. Wenn der Wehrmann eine entsprechende Anzahl von Dienstjahren absolviert hat, kann er nach der Entlassung seine Uniform behalten oder unter Umständen an den Staat verkaufen.

Außer der normalen militärischen Ausbildung im Rahmen der allgemeinen Wehrpflicht muß der Schweizer immer wieder kurze Waffenübungen: Wiederholungs- und Ergänzungskurse absolvieren. Außerdem muß er der obligatorischen Schießpflicht Genüge tun. Dies kann er durch Mitgliedschaft bei einem Schützenverein oder durch den Besuch von ›Nachschießkursen‹ und ›Schießübungen‹ . . . ›Mitzubringen: das Dienst- und Schießbüchlein, die Taschenmunition‹.

Oft sieht man in der Schweiz, namentlich am Wochenende, Zivilisten mit Gewehren auf den Straßen; denn bekanntlich gibt die Schweizer Armee ihren Angehörigen die Waffe mit nach Hause.

Die Metamorphose, die durch Anlegen der Uniform aus soundsovielen Männern soundsoviel Mann macht, ist der Schweizer Armee fremd. Ihre Wehrmänner bleiben auch als solche Individuen: Zivilisten in Uniform. Ihre Uniformen sind – wie könnte es anders sein? – von allem, was man außerhalb der Schweiz an Uniformen sieht, radikal verschieden und bei den unteren Rängen nicht gerade das, was man als ›schmuck‹ zu bezeichnen pflegt. Insbesondere die Kopfbedeckungen zeichnen sich durch besondere, schwer definierbare Eigenwilligkeit aus. Eine Revue der Kappen und Mützen und Hüte eidgenössischer Uniformierter: Soldaten, Polizisten, Zöllner, Briefträger, Eisenbahner und ›Trämler‹ (Straßenbahner) erschließt ungeahnte pittoreske Reize, wobei ich der bersaglierihaften romantischen Kopfbedeckung gewisser Landbriefträger, die aus einer Bellini-Oper herzukommen scheint, die Palme reichen möchte.

In friedlichen Zeiten beherrscht die Uniform des Schweizer

Soldaten keineswegs das Stadt- oder Landschaftsbild. Und doch ist die Schweiz von Wehrhaftigkeit imprägniert. Man macht sich nicht des Verrats militärischer Geheimnisse schuldig, wenn man erwähnt, daß gewisse Plätze und Gegenden in exponierter Lage von Strategie und Taktik förmlich gesättigt sind. (Und welche Schweizer Lage wäre nicht exponiert?!) Da sind die gewissen unauffälligen fensterlosen Gebäude in unverbindlichem Stil, da sind Sprengladungen in Brücken, Hindernisse und Fortifikationen durchaus nicht versteckt oder getarnt. Da sind auch, wo immer eine noch so kleine Fläche in noch so gebirgigem Gelände auszusparen war, die Miniaturflugplätze mit ihren Miniaturhangars. Indem man derart immer wieder überall so vieles sieht, kann man annähernd ermessen, was man alles an Wehrbereitschaft nicht zu sehen bekommt.

Ich argwöhne, daß bei dieser Armee als der einzigen aller Armeen im Ernstfall alles klappen würde wie bei SBB und PTT.

Ich möchte nicht gegen die Schweizer Armee Krieg führen müssen.

So grün war kein Tal

Wir waren schon am Vierwaldstättersee, wir waren insbesondere schon in Luzern und in Schwyz, wir sind von dort sprunghaft, wenn auch nicht willkürlich, nach Bern gelangt und von dort in die jurassische und westliche Schweiz. Es wird Zeit, daß wir uns sprunghaft wieder an den Vierwaldstättersee begeben. An seine antiquierte Landschaft schließt sich eine antiquierte Bahnlinie an.

Es ist sonderbar, daß Straßen nicht veralten. Die Axenstraße am Ostufer des Vierwaldstättersees, von Brunnen bis Flüelen mit ihren kühnen Kunstbauten dem Felsen abgezwungen, ist schon hundert Jahre alt, war seinerzeit ein Wunderwerk und eine Pioniertat und hat seither nichts von ihrer Großartigkeit eingebüßt. Sie wirkt nicht datiert wie Moden, Bauten und technische Errungenschaften ihrer Entstehungszeit. Sie würde heute kaum anders angelegt werden als damals.

Die Gotthardbahn hingegen, etwa zwanzig Jahre jünger und seither natürlich längst elektrifiziert, ist bei all ihrer unverminderten Brauchbarkeit und unverminderten Schönheit doch durchaus von gestern: das Denkmal einer vergangenen Ära. Man fährt mit der Gotthardbahn nicht in dem Bewußtsein: ›Ein Wunderwerk!‹, sondern man denkt, sofern man die Anlage als solche überhaupt bewußt als solche wahrnimmt: ›Das also war damals ein Wunderwerk!‹

Da wir ja nicht um des Reisens willen reisen, sondern um der Schweiz willen, werden wir bei dieser wie bei allen anderen Veranstaltungen zur Überwindung der Alpen vor allem zu bedenken haben: Hier war vor hundert Jahren noch keine Eisenbahn, vor hundertundfünfzig Jahren noch keine brauchbare Straße. (Die erste große Paß-Straße über den Simplon war 1805, die Gotthardstraße war 1830 benützbar.) Von den mehr als sechseinhalb Jahrhunderten der Schweizer Vergangenheit waren mehr als fünf Jahrhunderte der Verbundenheit ohne halbwegs zureichende Verbindung zu bewältigen. Vielleicht ist das quantitative und qualitative Übermaß neuer Verbindungen eine Überkompensation, ein topographisch bedingtes Schwelgen in den unbegrenzten neuen Möglichkeiten zur Überwindung der uralten Begrenzung durch Lage und Klima. Doch heute noch sind viele Straßen und sogar einige Bahnen der Schweiz nur im Sommer benützbar. (Das werden wir gleich merken.) Eine vergleichsweise geringe Anzahl großer Tunnels und zwei ganzjährig befahrbare Paß-Straßen stellen die einzigen dauernd benützbaren Verkehrswege zwischen der nördlichen, der italienischen und der südlichen Graubündner Schweiz dar – in dieser Beschränkung liegt allerdings auch ein besonderer strategischer Trumpf der schweizerischen Landesverteidigung. Sie ist hier um den Gotthard zu einem Maximum konzentriert, das sieht man auch als chronischer Zivilist, das lehrt schon ein Blick auf die Karte. Denn hier befindet sich ein seit ältesten Zeiten frequentierter, weil relativ harmloser Übergang über die Alpen. In

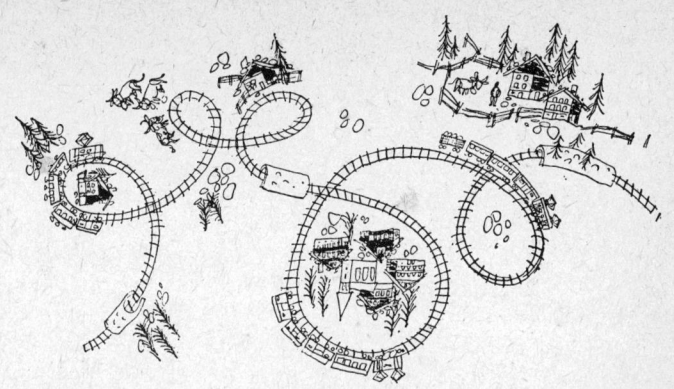

all seiner relativen Harmlosigkeit ist aber dieser Gotthard immer noch, selbst heute noch, drohend, gefährlich, bedrückend und von elementarer Gewaltigkeit: das Verkehrshindernis als Verkehrsweg.

Die Fahrt beginnt freundlich, fast idyllisch. Wir wissen aus dem ›Wilhelm Tell‹, daß der Vierwaldstättersee einerseits lächelt und zum Bade ladet, andererseits rast und sein Opfer haben will. Beides wird bei Schiller dem sogenannten Urner See zwischen Brunnen und Flüelen nachgesagt. In Brunnen nächst Schwyz glauben wir gern, daß der See lächelt und zum Bade ladet. Hier sind viele Anlagen, die dies dem See und den Badenden ermöglichen: ein Badeort im guten alten Stil mit rührend patriarchalischen Hotels aus der gesegneten Zeit vor dem Aufkommen des Kastens.

Weiter unten, in Flüelen, sind wir dann bereit zu glauben, daß dieser See auch rast und sein Opfer haben will. Der See ist in diesem Teil auch ganz besonders von Schiller: Rütli, Tellskapelle, Tellsplatte, ein Schloß namens Rudenz, ein Dorf namens Attinghausen und der Mythenstein mit einer huldigenden Inschrift, dem ›Sänger Tells F. Schiller‹ gewidmet.

Dieser Mythenstein hat nichts mit dem Begriff des Mythos zu schaffen. Die Mythen sind in dieser Gegend nicht vorzeitliche Legenden, sondern Berge: die beiden Mythen, die dem Raum um Schwyz sein Gepräge geben, der Große Mythen (1902 m) und der Kleine Mythen (1815 m). Aller naheliegenden Assoziation zum Trotz verewigt auch der Mythenquai in Zürich nicht geheimnisvoll halbhistorische Kraftquellen, sondern sehr gegenständliche Bodenerhebungen.

Auch wenn wir bei Flüelen den See verlassen haben und im Tal der Reuß aufwärts fahren, bleibt die Landschaft ernsthaft und respektgebietend, doch ist sie von sattem Grün beherrscht. Wann sah man je in einem anderen Tal solches Grün? Dieses Grün hier an der Gotthardbahn ist so grün, wie man es selten in der Natur und meist nur auf Farbphotos antrifft.

Wir müssen einen Höhenunterschied von annähernd siebenhundert Metern überwinden und benötigen dazu einen Schienenweg von rund dreißig Kilometern. Die Bahn scheint mit ihren Viadukten, Brücken und Kehrtunnels voll Stolz auf diese technische Bravourleistung hinzuweisen und nicht zuletzt dem Vergnügen und dem Respekt der Reisenden zuliebe so angelegt. Da ist insbesondere das Kirchlein von Wassen, das man zuerst hoch oben, dann auf gleicher Höhe, dann tief unten liegen sieht. Da sind die Kehrtunnels, die den Orientierungssinn, soweit vorhanden, verwirren, denn man sitzt einfahrend auf der Bergseite und ausfahrend auf der Talseite: das Innere der Berge ist Material zur Gewinnung von Höhe. Man sieht, fahrend, andere Teile der Bahnstrecke über oder unter sich ... welche ein erregendes Abenteuer war die Gotthardfahrt für die Kinder des späten vorigen und des frühen neuen Jahrhunderts, vor allem für ihre Kinder!

Heute ist das Jahrhundert in seinen Sechzigern sehr erwachsen geworden und hat nicht mehr den rechten Sinn für alpinistische Großtaten der Bahnbauer. Heute – und darum ist die Gotthardstrecke antiquiert, führt man die Linien nicht mühsam so hoch hinauf, um sie oben durch einen Riesentunnel zu schicken, heute ließe man einen noch riesigeren Tunnel unten an der Basis entspringen, ersparte sich die Steigung und uns das Vergnügen der romantischen Gegend ... sofern man überhaupt noch Bahnen baut. Die erste Eisenbahn der Welt führte von Stockton nach Darlington. Irgendwann in diesen Jahren wird irgendwo die letzte Eisenbahn der Welt gebaut werden, und späte Leser werden ohne rechtes Verständnis von Zügen und Bahnhöfen lesen wie wir von Postillionen und Pferdewechsel.

In Göschenen, am Nordeingang des Gotthard-Tunnels, war einst, als das Reisen noch dem Abenteuer näher war, ein längerer Halt vorgeschrieben und das Einnehmen einer Suppe Tradition. Ernst Zahn, der bekannte Romancier, war Inhaber der Bahnhofsgastwirtschaft.

Wenn man dann drüben, jenseits des Gotthard ...

... doch nein, verlassen wir hier den Zug, auch wenn der

Suppenbrauch längst vergessen ist. Wir waren noch nicht im Wallis, wir wollen unsere sprunghafte Route immerhin insofern abrunden, indem wir uns jetzt dem noch ausständigen letzten gallischen Kanton der Schweiz zuwenden.

Auch gebührt es dem Gotthard, daß wir ihn nicht durchfahren. Wir könnten auch unseren Wagen durch den Tunnel schleusen lassen, aber als derart bequem Reisenden entginge uns der rechte Begriff von dieser Gegend.

Man meint, sofern man den Tunnel frequentiert: hier in Göschenen, elfhundert Meter über dem Meer, etwa siebenhundert Meter über dem Vierwaldstättersee, hier, wo es schon rauh und frisch und hoch ist, hier sei man schon ›oben‹. Drum soll man sich auf der Straße oder mit der Schmalspurzahnradbahn weiter aufwärts begeben, durch die steinige, wilde, finstere Schöllenenschlucht, die eigens geschaffen scheint, den Übergang über den relativ harmlosen und daher seit alten Zeiten vielbenützten Paß überaus unharmlos zu gestalten. Hätte ich Unwegsamkeit darzustellen, würde ich diese Schlucht beschreiben oder photographieren.

Aufatmend hat man sie mit der urweltlichen Unwirtlichkeit ihrer Steinwüstenei überwunden, man ist nun oben in Andermatt, weitere dreihundert Meter höher oben, und hier ist man wieder ›unten‹, auf dem Boden eines weiten Talkessels, der von hohen Bergen umrahmt ist. Und wieder muß man in die steinige Höhe, noch mehr als sechshundert Meter höher, und wenn man Glück hat, kommt man schon Mitte Mai und noch Mitte Oktober mit dem Wagen hier durch. Und wenn man dann, zweitausendeinhundert Meter über dem Meer, im Hospiz angelangt ist, das eher Schutzhaus ist als Gaststätte, und sich südwärts, abwärts wendet, denkt man sechshundertfünfzig Jahre zurück und hat fortan eine andere Bezeichnung zu diesem relativ harmlosen und den anderen, weniger harmlosen Alpenübergängen.

Und wenn man dann drüben, jenseits des Gotthard . . .

Das oberländische Gipfeltreffen

. . . doch nein, wir wollen von Andermatt in den Kanton Wallis gelangen, das ist gar nicht sehr weit, etwa zwanzig Kilometer bis zur Kantonsgrenze. Doch wir sind im Gebiet der Pässe. Die Schweizer Pässe sind ebensowenig einfach zu erobern wie die Schweizerpässe.

Es ist Pfingsten. Der Gotthard ist seit wenigen Tagen passierbar (aber wir wollen noch nicht ins Tessin), die Straße und die Bahn über den Furka-Paß werden erst Ende Mai benützbar sein. Wir müssen einen großen Umweg machen, um von Andermatt nach Brig zu gelangen, hinunter nach Göschenen, zurück an den Vierwaldstättersee, zurück nach Luzern, von hier nach Bern – nicht unbedingt in die Stadt, wohl aber in den Kanton Bern. Um Bern kommt man in der Schweiz nicht so einfach herum.

Von Luzern führt uns die Brünig-Strecke, eine Alpenbahn zweiter Ordnung, ins Berner Oberland. Und da sehen wir alsbald ein Schweizer Kuriosum erster Ordnung. Mitten in der harmlosen Gegend ist urplötzlich aus dem Nichts heraus und in das Nichts hinein ein kurzes Stück einer hochmodernen Autostraße da. Früher oder später wird man ja die Schweizer Autobahn bestimmt bauen, überlegten die Nidwaldner. Und damit die Route auf jeden Fall hier verlaufe, haben sie ein Teilstück von zwei Kilometern bereits erstellt.

Auch hier geistert noch die Welt des ›Wilhelm Tell‹: in den kleinen Sarnersee mündet die Melchaa, die aus dem Kleinen Melchtal kommt.

Noch kleiner ist der Lungernsee, dessen man sich immer nur erinnert, wenn man hier vorbeifährt: ›Ach ja, richtig, da ist ja ein See!‹ Es gibt solche landschaftlichen Aschenbrödel. Auch der Brienzersee, den wir nach Überwindung der wirklich harmlosen Brünig-Paßhöhe bald erreichen, gehört zu ihnen.

Wer neigte nicht dazu, den Entdecker zu spielen? Man ist gegen Prominenz ebenso skeptisch wie Verborgenem aufgeschlossen. Man möchte gern, wenn man die weniger berühmte kleine g-moll-Symphonie von Mozart hört, sagen, daß sie mindestens so schön sei wie ihre große Schwester. Man sucht gierig die weniger bekannten Werke von Dürer oder Dickens, um sie gegen die anerkannten Meisterwerke auszuspielen. Man rühmt mit selbstbewußter besonderer Intensität die Städte Solothurn, Neuchâtel und Biel als sehenswert . . . und so fährt man auch den lieblichen, grünen und nicht sehr berühmten Brienzersee entlang und meint, daß er zu Unrecht vernachlässigt sei. Man möchte etwas für ihn tun, nimmt man sich vor, man möchte hier einmal Ferien verbringen, man will sich Prospekte geben lassen . . . und man vergißt dies alles bald, denn man gelangt nach Interlaken, und damit zur allerseltsamsten aller Lagen.

O Interlaken, Interlaken, Interlaken!

Es gibt Orte, die an einem Gewässer liegen, an einem Fluß

wie Paris, Linz oder London, an einem See wie Luzern, Chicago oder Gmunden, an einem Meer wie Genua, San Francisco oder St. Malo.

Es gibt auch Orte, die an einem Gewässer nicht liegen, die an einem Meer nicht liegen wie Rom und Los Angeles, die an einem See nicht liegen wie Lausanne und Como, die an einem Fluß nicht liegen wie Wien und Gottfried Kellers Seldwyla: »... die ursprüngliche tiefe Absicht dieser Anlage wird durch den Umstand erhärtet, daß die Gründer der Stadt dieselbe eine gute halbe Stunde von einem schiffbaren Fluß angepflanzt, zum deutlichen Zeichen, daß nichts daraus werden sollte.«

Es gibt auch Orte, die an zwei Gewässern liegen: Istanbul, Vilshofen, New York.

Doch es gibt nur einen Ort, der an zwei Seen nicht liegt: Interlaken.

Hie Brienzersee, hie Thunersee, dazwischen eine sehr schmale, von der Aare durchflossene Landenge: der Isthmus von Interlaken. Es ist ein Kunststück für jede halbwegs größere Ortschaft, sich auf diesem schmalen Isthmus unter Vermeidung beider See-Ufer zu erstrecken. Interlaken bringt dieses Kunststück fertig.

Die Dampfboote werden, wie in manchen vorsorglichen Ferienorten, durch Kanäle bis an die Bahnhöfe herangebracht. Man kann in Interlaken vortrefflich umsteigen. Will man aber an einen der beiden Seen, muß man sich von Interlaken entfernen. Für Spaziergänge am Wasser empfiehlt sich die ›Kanalpromenade‹.

Interlakens Hauptschlagader ist der sogenannte Höhenweg, der kein Weg ist, sondern eine Straße, und nicht etwa auf irgendeiner Höhe gelegen ist, sondern nur den Blick auf etliche solche bietet. Ferner sieht man hier den Kursaal, Parkanlagen, Springbrunnen und Hotels.

Interlaken zeigt uns das Gesicht eines Kurorts, obwohl nicht recht ersichtlich ist, welche Art von Kur man hier gebraucht, und scheint dem Ideal reisender Angelsachsen des späten neunzehnten Jahrhunderts ziemlich genau entsprochen zu haben, was für Reisende im mittleren zwanzigsten Jahrhundert kulturhistorisch sehr interessant ist. Die Naturnähe scheint sich damals in der Nähe von Gartenanlagen und Springbrunnen und im Blick auf ferne Berge ausgelebt zu haben. Das Bewußtsein, daß die Seen und Gebirge in der Luftlinie recht nah von einem Ort sind, mag die Erholung gefördert haben. Interlaken ist ein Luftlinienkurort.

Das Schöne an Interlaken liegt außerhalb von Interlaken. In Interlaken sind Ansammlungen von Hotels und besonders konzentrierte Ballungen sogenannter Souvenirs, Darstellungen vorwiegend aus der zoologischen, botanischen, volkskundlichen und geographischen Sphäre in Holz, Metall, Porzellan, Ton, Gips oder Textil. Warum wohl ein Engländer, der im Berner Oberland Berge besteigt, ein Kanadier, der im Vierwaldstättersee badet, oder ein Illinoiser, der im Wallis rodelt, dies zum Anlaß nimmt, relativ kostspielige und absolut geschmacklose geschnitzte, getöpferte, gegossene oder gestickte Bären, Pilze, Sennerinnen oder Matterhörner zu erwerben – hier eröffnet sich der Forschung ein weites Feld.

Man baut geschmackvoller in unseren Tagen, man deckt den Tisch geschmackvoller, Plakate und Drucksachen haben ihr Gesicht radikal gewandelt (und sind insbesondere in der Schweiz von einsamer Vortrefflichkeit), die Portale der Läden, die Kleidung der Menschen, die Ausstattung der Bücher, das Reisegepäck, die Möbel, Vorhänge und Tapeten, alles ist heute anders und besser als um 1900 – nur die Bären, Pilze, Sennerinnen und Matterhörner verharren starrsinnig bei ihrem Stand von anno Vollbart. Wenn von unserer Zeit in vielen tausend Jahren nur ein Interlakener Souvenir-Laden ausgegraben werden sollte, wird sie keine gute Nachrede haben.

Man kommt um Interlaken nicht herum, doch man steigt dort am besten nicht aus und nur um.

So wollen wir es auch halten. Es zieht uns an das andere Ende des Thunersees, nach Thun. Doch wir sollten das Berner Oberland ja auch nicht ganz links liegenlassen.

Unsere Wagen sind uns nun nicht von Nutzen. Wenn hier die Schweiz nicht aus der PS-, sondern aus der SBB-Perspektive dargestellt wird, sind hierfür nicht nur Vorliebe und Generation des Darstellers, eines leidenschaftlichen Eisenbahnbenützers, sondern auch Wesen und Struktur seines Objekts verantwortlich. Man kommt mit dem Personenkraftwagen in der Schweiz nicht überallhin, nicht an Zermatt heran, nicht nach Saas-Fee hinein; das Auto ist auch aus Wengen, Mürren und Braunwald verbannt. Man muß nach Mürren mit der Kleinbahn nach Lauterbrunnen fahren und von dort mit der Zahnradbahn hinauf, wo es Straßen nur zum Gehen gibt, so daß der Ort auf seiner privilegiert gelegenen Aussichtsterrasse bei allen mondänen Allüren doch etwas angenehm zeitlos Gestriges hat.

Man sieht von Mürren aus den Eiger, den Mönch und die

Jungfrau, die man schon von Interlaken aus sah und die man auch noch von Wengen, von der Wengernalp, von der Kleinen Scheidegg aus sehen wird. Man entrinnt dieser Aussicht nicht, sie zwingt sich dem Reisenden auf, gebieterisch fordernd, daß er von ihr beeindruckt sei.

Man hat diese drei Berge, in Vorwegnahme späterer suggestiver Werbemethoden, propagandistisch seit mehr als hundert Jahren aufgewertet wie heute Erfrischungsgetränke, Treibstoff oder Waschmittel, als käme es darauf an, sie wie Massenartikel in möglichst großen Mengen zu verkaufen. Es gibt höhere, gleich hohe und niedrigere Berge von ebensolchem und stärkerem Reiz – warum gerade Eiger, Mönch und Jungfrau?

Wir sind in verständlichem Ödipus-Protest gegen die Väter solcher Aufwertung skeptisch gegen gerade diese drei Berge. Wir leugnen nicht, daß sie sich von der Wengernalp dem Blick majestätisch präsentieren, wir geben zu, daß die Paßhöhe der Kleinen Scheidegg ›beautiful‹ und ›impressif‹ ist, wie es die hier mehrheitlich angewandte soundsovielte Landessprache konstant vernehmen läßt; aber wir sind ein wenig störrisch. Die Hypothek einer uralten Überdosis Ruhm belastet die Gegend.

Man kann von Lauterbrunnen (achthundert Meter über dem Meer) mit der Zahnradbahn zur Kleinen Scheidegg (zweitausendvierundsechzig Meter über dem Meer) gelangen. Man kann auch von Grindelwald (tausendundfünfzig Meter über dem Meer) mit der Zahnradbahn auf die Kleine Scheidegg gelangen. Man kann mit dem Auto nicht auf die Kleine Scheidegg gelangen. Dennoch hätte man sich eine der beiden Zahnradbahnstrecken ersparen können. Denn Lauterbrunnen und Grindelwald sind nicht sehr weit voneinander entfernt (fünfzehn Kilometer, fünfunddreißig Kleinbahnminuten mit Umsteigen). Doch im euphorischen Rausch der soeben angebrochenen alpinen Technisierung führte man die Bahn von beiden Seiten her auf die Paßhöhe: das Hochgebirge als Tummelplatz der Spazierfahrer.

Und von der Kleinen Scheidegg aus geht die Spazierfahrt weiter. Man steigt in die Jungfraubahn um, in das vielbestaunte Wunderwerk der frühen Erschließung des Ewigen Eises. Das Wort ›non plus ultra‹ scheint Motto bei ihrer Konstruktion gewesen zu sein, als stolzes prometheisches In-die-Brust-Werfen der fortschrittstrunkenen Zivilisatoren – doch man möchte es nicht als Devise, sondern als Warnung verstehen; nicht als selbstbewußtes ›Höher geht's nimmer!‹, sondern als mahnendes ›Bis hierher und nicht weiter!‹

Man fährt von der Kleinen Scheidegg ab, und alsbald fährt man unterirdisch, besser gesagt: unterschneeisch und untereisisch. Durch das Gestein ist ein sieben Kilometer langer Tunnel gebohrt. An zwei Stationen sieht man durch dickes Glas hinaus in die Gletscherwüste. Die Endstation ›Jungfraujoch‹, dreitausendvierhundertsiebenundfünfzig Meter über dem Meer, halb Hotel, halb Schutzhaus, halb Büffett, ist wie ein Leuchtturm inmitten entfesselter Elemente, doch ungleich einem solchen keinem echten Zweck dienend. Man empfindet es als indezent, die Naturkräfte zu beobachten, wo sie unter sich bleiben sollten. Einsamkeit wird hier zu hohem Preis Objekt des sensationslüsternen Tourismus. Berge und Gletscher wie diese mögen die Experten in äußerstem Einsatz ihrer sportlichen Leistungsfähigkeit bezwingen, nicht aber Passagiere zum Zweck des Ansichtskartenschreibens.

Als ich das Jungfraujoch besichtigte, tobte ein Schneesturm. Man sah nicht über die Fensterscheiben hinaus, man konnte nicht ins Freie, nicht einmal auf den Balkon. Die Majestäten revanchierten sich für die Majestätsbeleidigung. Wir kamen nicht auf unsere kostspielige Rechnung, und ich dachte, enttäuscht und bestätigt zugleich: Recht geschieht's uns!

Beim Umsteigen auf der Kleinen Scheidegg fühlte man sich bereits wie im Tal. In Grindelwald dann, nur noch auf tausend Meter Seehöhe, wie im Tiefland.

Jeder hat seine Vorlieben und Vorurteile, nicht nur was Leute, sondern auch was Orte betrifft. Ich mag Grindelwald. Das kommt vielleicht daher, daß man hier, anders als beispielsweise in Arosa oder Montana, fühlt: hier war schon vor der Erfindung des Tourismus und des Wintersports ein Dorf.

Allerdings muß man ›Dorf‹ auch hier im Schweizer Sinn verstehen. Wenn die Schweizer Städte gelegentlich wie große Dörfer wirken, wirken die Schweizer Dörfer zum Ausgleich wie Miniaturstädte. Auf der Dorfstraße und den von ihr abzweigenden Promenaden treten die Füße nicht Erde, Kies oder Moos; man wandelt auf schwellendem Asphalt. Die Natur ist durchzivilisiert, die Weltabgeschiedenheit ist komfortabel. Immerhin spielen in Grindelwald auch die Einwohner eine gewisse Rolle. Wenn man eine Schule sieht, fragt man sich nicht: Wieso eigentlich? Für wen? – Wenn man Kinderwagen in einem Schaufenster sieht, muß man sich nicht vergegenwärtigen, daß Hoteliers und Kurdirektoren ja verheiratet sein können. Grindelwald wird nicht nur von Gästen und Personal bewohnt. Im Schaufenster eines Ladens sah ich, daß man in Grindelwald auch Besen kaufen kann – das wirkte anheimelnd. Sehr glücklich und charakteristisch ist hier das Nebeneinander von harmlosem Tal und gigantischer Natur zur Einheit gebunden, ohne daß die beiden Sphären einander störten. Im Kranz der umgebenden großen Gebirgsbrocken ist auch ein Gletscher, Grindelwalds Privatgletscher sozusagen, der bis an die Tore der Siedlung reicht.

Es ist schwierig, über Berge zu schreiben, selbst wenn man sie liebt. Gewiß hat jeder sein besonderes Antlitz, gewiß ist jedes Panorama wie jede Wanderung und Besteigung charakteristisch und eigen; doch liegt diese Besonderheit meist jenseits des Darstellbaren. Auch die Bilder von Bergen zeigen meist bei aller Großartigkeit das Allgemeine vor dem Besonderen. Die Natur rächt sich an denen, die sie zu bezwingen meinen. Sie schenkt uns Erlebnisse, doch wir vermögen sie nicht preiszugeben.

Wir erkennen auf Bildern Städte und Menschen, die uns vertraut sind, nicht aber Berge und Täler, die wir kennen. Grindelwald macht da eine Ausnahme, und vielleicht ist auch das ein Grund dafür, daß dieser Ort vor vielen anderen ausgezeichnet ist. Sieht man ein Bild des Talschlusses, in den der Gletscher so bereitwillig hereinreicht, fragt man nicht lange: ›Wo ist das wohl?‹, sondern sagt gleich voll Freude: ›Das ist ja Grindelwald!‹

Schlag nach bei G.B.S.

Ein anderer Berg dieser bernischen Gegend hebt sich gleichfalls aus der so schwierig darstellbaren Fülle der Gebirgigkeiten heraus, dieser aber nicht so sehr, weil er ein besonderes, sondern viel mehr, weil er ein so typisches Äußeres darbietet.

Wenn man kindisch-amateurhaft einen Berg zeichnet, zeichnet man ihn als isoliertes, kegelartiges Gebilde, wie es in der Natur derart kaum je anzutreffen ist. Der Niesen aber, am Ufer des Thunersees, ist so ein isolierter, kegelartiger Berg. Er ist so, wie man sich einen Berg denkt und ihn nie zu sehen bekommt. Er ist wie die platonische Idee des Bergs, der Berg an sich. Ich habe mich dabei ertappt, daß ich den Niesen sehe, wenn ich

›Berg‹ denke. Und wenn ich in Georg Kreislers tiefsinniger Chansonfantasie ›Unheilbar gesund‹ die Zeile höre ›Ein Berg mit dem Gipfel nach unten‹, muß ich mir immer den umgekehrten Niesen vorstellen.

Es zieht mich von Interlaken aus am Niesen vorbei nach Thun. Und dies nicht nur, weil man von dort den Niesen erblickt, und auch nicht wegen der malerischen Lage der Stadt am Ausfluß der Aare aus dem See, mit Ufern, Inseln, Anlagen, Schwänen und einer netten Altstadt, deren Hauptstraße dadurch gekennzeichnet ist, daß die Gehsteige hoch über der Fahrbahn verlaufen und diese zu einer Art Engpaß machen, so daß diese Straße gleich mancher in Bern in die Tiefe gestaffelt ist.

Ich werde auch nicht nach Thun gezogen, um auf den Spuren

von Johannes Brahms zu wandeln, der hier drei Sommer verbracht, einige seiner schönsten Sonaten und das Doppelkonzert komponiert und seinen Freunden begeistert geschrieben hat: »Es ist ganz herrlich hier.«

Nein, ich will aus ganz privaten Gründen, auf meinen eigenen Spuren sozusagen, nach Thun gelangen. Hier war ich zum erstenmal mit Bewußtsein ausgiebig in der Schweiz. Ich hatte hier im Sommer 1936 beruflich zu tun, wohnte in einem behäbigen, bedächtigen, provinziellen, etwas hemdärmelig biertischhaften Hotel, das eher ein Gasthof war. Ich ging täglich zum Zweck der Arbeit den idyllischen Aarequai entlang in eine Villa nächst dem See. Ich lernte Schweizer kennen ... nein: kennen lernen kann man sie nicht, und lebte man Jahrzehnte mit ihnen! – ich hatte Kontakt mit Schweizern. Und als ich derart einige Tage in Thun verbracht hatte, dachte ich: Merkwürdig, daß diese Gegend so hochberühmt ist, daß man von altersher von weither hierher kommt! Gewiß, dachte ich, ein lieblicher See in freundlicher Umgebung, gut und schön, sehr respektable Berge mittlerer Höhe, dachte ich – na und? Soll das alles sein? Bei schönem Wetter, dachte ich – denn die ersten Tage in Thun waren trüb, der Himmel war bewölkt – bei schönem Wetter ist all das gewiß noch angenehmer; aber muß man sich dazu in die Schweiz bemühen?

Da kam der erste strahlend schöne Tag, und ich sah, was bisher die Bewölkung verborgen hatte: hinter dem freundlichen See und den respektablen Bergen mittlerer Höhe eine gigantische Kette höchster Berge höchster Ordnung in strahlend ewigem Weiß sich hart vom blauen Himmel abheben – und nun verstand ich alles.

Dieses unvergeßliche Erlebnis eines Thuner Morgens, die triumphale Bekehrung eines überheblichen Zweiflers, das Hervortreten des Großen, Hohen aus seiner Verborgenheit – das ließe sich in vielerlei Form lehrhaft und moralisierend auswerten. Für mich bedeutet es in symbolischer Verdichtung: unsere Einstellung zur Schweiz, welche wir gern unterschätzen und die uns plötzlich durch neue, unerwartete Perspektiven überrascht.

Um dieses Erlebnisses willen kam ich nach fünfundzwanzigjähriger Pause wieder nach Thun. Ich wollte meiner Vergangenheit begegnen. Ich erkannte den Bahnhof und den Platz vor dem Bahnhof wieder. Eine Tafel auf dem Bahnhof verwies, wie damals, auf die ›Rechtsuferige Thunerseebahn‹; aus dieser Bahn war inzwischen, der Tafel zum Hohn, eine Buslinie geworden.

Ich strebte zu dem behäbigen, bedächtigen, provinziellen, etwas hemdärmelig biertischhaften Hotel-Gasthof hin – ich erinnerte mich noch einigermaßen der Richtung, die ich einzuschlagen hatte. Alles, was vor fünfundzwanzig Jahren gewesen war, war auf einmal wieder da. Namen, Straßen und Blicke, die längst versunken waren, tauchten auf, Brücken, Lauben, Anhöhen waren wieder da, die Aare war wieder da, nur das Hotel war nicht da, wo es eigentlich hätte sein sollen. Ich müßte es schon erreicht haben, dachte ich; doch dort, wo es spätestens hätte sein sollen, war ein eleganter, geschmackvoller Bau des neuesten Typs.

Und ganz mühsam und allmählich nur konnte ich erfassen, daß aus dem behäbigen, bedächtigen, provinziellen, etwas hemdärmelig biertischhaften Gasthof dieses neue, elegante, geschmackvolle Hotel des neuesten Typs geworden war, äußerlich diskret-unauffällig, innen ein Pracht- und Musterexemplar heutiger Architektur in Formen, Farben und Material, in allen Einzelheiten das Modell bester Neuzeitlichkeit, das jeder Stadt und jeder Fachzeitschrift Ehre gemacht hätte. Wir sagen gern ›Wie aus einem amerikanischen Film‹, wenn wir die gewisse moderne Perfektion der Architektur kennzeichnen wollen; aber dieses Thuner Hotel ist weit geschmackvoller, als amerikanische Filmweisheit sich's träumen läßt.

Und so etwas im abgeschiedenen, unprominenten kleinen Städtchen Thun!

Der Besitzer des Hotels hat sicherlich auch vor dem Umbau gute Geschäfte gemacht. Sonst hätte er sich diesen ja gar nicht leisten können. Es wäre naheliegend gewesen, sich mit einem Minimum an oberflächlicher Modernisierung zu begnügen, doch er ging den radikalen Weg der Perfektion. In Thun!

Und so erneuerte sich, wie bestellt, mein Thuner Erlebnis, aus der Sphäre der Natur in die Zivilisationssphäre übersetzt. Die Schweiz überrascht uns immer wieder. Sie untertreibt äußerlich, sie tarnt sich, sie legt vor die Größe eine Nebelwand von Durchschnittlichkeit. Sie weist nicht auf sich hin, sie versteckt sich. Und das ist durchaus nicht als Bescheidenheit zu verstehen, eher als Ausdruck des Einverständnisses der Schweizer dem Rest der Welt gegenüber: Wir wissen es sowieso. Wenn es die anderen zu erfahren wünschen, sollen sie zusehen, daß sie's merken.

Ich möchte so gern einen Begriff für das Gegenteil eines Potemkinschen Dorfs prägen; er wäre die beste Charakterisierung der Schweiz. Wenn hier eine Diskrepanz zwischen Fassade und Wirklichkeit besteht, bleibt nicht die Wirklichkeit hinter der Fassade, sondern die Fassade hinter der Wirklichkeit zurück.

Ja, gewiß, der Reichtum, die gesunde Substanz der Schweiz kommt daher, daß hier zwei Kriege übersprungen werden konnten. Oft, wenn man in der Schweiz Bauplätze sieht, denkt man, durch nachbarliche Erfahrungen geprägt: Warum bauen sie denn hier? – es war ja nichts kaputt.

Fast alles, was sie hier bauen, neubauen, umbauen, entspringt nicht der bitteren, zwingenden Notwendigkeit, es geschieht im Zug der fortschreitenden Zeit, der organischen, natürlichen Erneuerungen. Siehe da, welch eine Offenbarung: Man kann auch bauen, wo noch durchaus Praktikables vorhanden ist, weil dieses unseren verwöhnten Ansprüchen nicht mehr ganz genügt!

So ähnlich muß die Welt um 1910 gewesen sein.

Aber diese materielle Komponente des Substanzunterschieds, die eine gewisse Gediegenheit und materielle Sättigung erklärt, gibt noch keinen Schlüssel zu der besonderen Relation von Fassade und Wirklichkeit. Die Schweiz ist reich – aber warum sieht man es ihr nicht an?

Und damit geraten wir wieder einmal an das Phänomen der Demokratie. Die Tradition der Repräsentation ist hier durchaus bürgerlich. Keine Dynastie, kein Fürst – nur ganz gelegentlich Bischöfe – hatten hier Gelegenheit, Prunk und Pracht zu entfalten. Bürger walteten um der Bürger willen. Selbst wo es ›gnädige Herren‹ und ihre Botmäßigen gab, waren beide im Rahmen der Bürgerlichkeit.

Ich zitiere nur widerstrebend G.B.S. (nicht die Gürbetal–Bern–Schwarzenburg-Bahn, die würde ich gern zitieren, sondern George Bernard Shaw), denn ich mag ihn gar nicht. Aber ich muß ihm Gerechtigkeit widerfahren lassen; denn man kann die Schweiz nicht darzustellen versuchen, ohne sich auf sein großes Wort aus der Komödie ›Helden‹ zu berufen. Auf die Frage des Balkanesen: »Sind Sie der Kaiser der Schweiz?«, sagte der Schweizer Bluntschli: »Mein Rang ist der höchste, den die Schweiz kennt: ich bin ein freier Bürger.«

Eben dies merkt man im Land der Eidgenossen auf Schritt und Tritt.

Bis auf gewisse Berge, die sich pompös in Szene setzen – aber dafür können die Schweizer wirklich nichts! – sind hier Pomp und Ostentation auf ein Minimum reduziert. Die Schweiz ist nicht feudal, die Schweiz ist nicht aristokratisch, sie ist bürgerlich. Es gibt sicherlich gewaltige Standesdistanzen, es gibt Familien, die heute noch den Kontakt mit weniger ›vornehmen‹, weniger alteingesessenen Familien meiden, es gibt soziale und materielle Unterschiede und Spannungen, Dünkel und Vorurteile, dies alles aber im Rahmen der Bürgerlichkeit.

Man teilt die Schweizer ein in adelige Bürger, patrizische Bürger, bürgerliche Bürger und proletarische Bürger – man teilt die Schweizer ein in städtische Bürger und bäuerliche Bürger – man teilt die Schweizer ein in zivilistische Bürger und uniformierte Bürger.

Stärker als anderswo entspricht hier die Rangbezeichnung des Oberhaupts als ›Bürgermeister‹ im wortwörtlichen Sinn den Tatsachen.

Demgemäß ist auch der Bürger als solcher, nämlich der Ortsbürger, privilegiert. Jeder Schweizer ist ein ›Herr von‹, denn mit seinem Namen nennt er sich, wenn er sich offiziell nennt, ›von Basel‹, ›von Zürich‹, ›von Gelterkinden‹, ›von Lenzburg‹. In manchen Gemeinden hat die Elite der Ortsbürger heute noch ihre Vorrechte; sie bekommen zum Beispiel, falls sie Söhne haben, gratis dreihundert ›Wellen‹ und drei Klafter Holz im Jahr.

In der Schweiz gibt es wie in jedem Land Hirten und Millionäre. Aber hier wirken die Hirten wie Millionäre und die Millionäre wie Hirten.

In der Schweiz gibt es wie überall Ärmere und Reichere. Aber nirgends sonst ist der Prozentsatz der Reicheren unter den Ärmeren so hoch wie in der Schweiz.

Zum Unterschied von Feudalherren und Fürsten, von Emporkömmlingen und echten Armen stellt der Bürger das, was er hat, nicht demonstrativ zur Schau; und gerade wenn er wohlhabend ist, gibt er sich lieber schlicht. Reichtum ist für ihn eine Privatsache, in welche die Öffentlichkeit nicht eingeschlossen zu werden braucht.

Parallel mit solcher Bürgertugend sind gewiß auch bürgerliche Untugenden für das, was uns eben beschäftigt, mit verantwortlich: übertriebene Sparsamkeit, Geiz. Erst all das zusammen ergibt die Erscheinung, daß Schweizer Werte, nicht nur die materiellen, doch vor allem sie, für uns so oft erst auf den zweiten Blick offenbar werden.

Die Schweizer sind vergleichsweise sehr reich. Sie zeigen es nicht, sie sagen es nicht, und mir scheint: sie wissen es nicht einmal richtig.

In einem Gespräch über die Schweiz sagte jemand: »Alle Schweizer Handwerker sind Millionäre.«

»Das stimmt nicht«, sagte eine Schweizerin; »ich kenne einen Schreiner, und der hat nicht ganz eine Million.«

Hymnus auf das Wallis

Wir sind unterwegs in den Kanton Wallis, wir haben nur Thun zuliebe einen kleinen Abstecher gemacht, sonst wären wir schon bei Spiez mit seinen zwei nebeneinander liegenden Bahnhöfen am Fuß des platonischen Niesen vom See weg ins Gebirge hinein geraten.

Auf unserem Waggon steht BLS. Er stellt via Lötschberg die Verbindung zwischen Bern und dem Simplon her. Die Linie ist vergleichsweise jüngeren Datums. Man mußte früher die nördliche Alpenkette umfahren, um von Mitteleuropa an den Simplon zu gelangen. Nun führt ein Tunnel mitten durch sie hindurch. Eine Autostraße ist hier noch nicht vorhanden. BLS demonstriert die Überlegenheit über PS, indem die Kraftfahrzeuge gezwungen sind, zwecks Überwindung des Lötschberg bei der Bahn zu hospitieren und sich durch den Tunnel transportieren zu lassen.

Der Kanton Wallis ist, wie das Gebiet des Engadin, meteorologisch bevorzugt. Oft hört man im Wetterbericht, daß es da und dort und überall trüb und regnerisch, im Wallis und im Engadin aber heiter sei. Man will's nicht recht glauben, aber man erlebt es immer wieder. Man fährt bei Nebel, Regen, bedecktem Himmel in den Lötschberg, man kommt aus dem Dunkel in strahlende Wolkenlosigkeit . . . die notorische diversité bezieht auch das Wetter ein.

Und nun, da wir aus dem Lötschbergtunnel ausfahren, segnen wir den Umweg, der uns diese Route diktiert hat. Man soll sich dem Genfersee nur via Puidoux und dem Kanton Wallis nur auf dieser Strecke nähern. Selbst geeichte Schweizer stehen hier auf, treten ans Fenster und erlaben sich an dem Anblick.

Wir sind hoch über dem Rhônetal und fahren sacht abwärts, wir sehen das Tal als solches aus der Distanz sich in seiner ganzen Lieblichkeit weithin präsentieren, hell, grün und doch schon ganz südlich, gemildert durch Fülle. Das Alpine ist hier heller, lateinischer, wärmer, blühender.

Die Schweiz ist die Wiege der großen europäischen Flüsse.

Ganz nah von einander entspringen nächst dem Gotthard der Rhein und die Rhône, streben auseinander, gegensätzlichen Meeren zu. Doch ist ihr Weg auf besondere Weise identisch, fast parallel; denn beide verbringen ihre Jugend in der Schweiz, erst im engen, dann im breiten, weiten, hellen, fruchtbaren Tal, beide münden in einen großen See und verlassen die Schweiz, wenn sie diesen See verlassen.

Der Kanton Wallis, rechts und links um die Rhône von der Quelle bis zu ihrer ersten Mündung gruppiert, ist eine Schweiz en miniature in seiner harmonischen Verbindung der Gegensätze. Der Kanton Wallis ist zweisprachig. Bei Raron, etwa dort, wo wir mit der Bahn hoch oben in das Tal eingetreten sind, ist die Sprachgrenze, und hier, wo Französisches und Deutsches ohne Spannung in einander übergehen, ruht denn auch auf einem Hügel an der Kirchenmauer Rainer Maria Rilke. Die Schweiz hat viele Dichter deutscher Sprache als letzte Heimat aufgenommen, am See von Locarno ruht Stefan George, am Zürichsee Thomas Mann; Robert Musils Asche wurde, seinem letzten Willen gemäß, in einem Wald bei Genf verstreut.

Rilkes Grab liegt wunderschön inmitten der wunderschönen Gegend, oberhalb des kleinen, wie verwunschenen stimmungsvollen Dorfs Raron, nicht im Friedhof, sondern an der sonnseitigen Wand der Kirche, an den Norden gelehnt gleichsam und zum Süden hin geöffnet im ostwestlichen Tal. An der Sprachgrenze ist es ein Symbol der Sprachenvereinigung.

Sprachgrenzen gibt es nicht nur in der Schweiz, doch nur hier sind sie eine so deutliche Demonstration des Begriffes Nation, der mit Sprache nichts zu tun zu haben braucht.

Auch die Dreiländerecken sind häufig. Denn auf dem Kontinent ist es natürlich und unumgänglich, daß drei Staaten irgendwo zusammenstoßen. Von den Dreiländerecken rund um die Schweiz ist die schweizerisch-österreichisch-deutsche imaginär, weil im Bodensee, die schweizerisch-deutsch-französische am Basler Rheinhafen sehr charakteristisch und durch einen kleinen Obelisken, ein Obeliskli, gekennzeichnet, die schweizerisch-französisch-italienische durch den nahen allerhöchsten Mont-Blanc geadelt. Ein ähnlich allerhöchster Gipfel war einst auch das Wahrzeichen der schweizerisch-italienisch-österreichischen Dreiländerecke: der Ortler. Seit dem Ende des ersten Weltkriegs ist diese Ecke nordwärts gerutscht und in Gestalt des Reschen-Passes eher unscheinbar und uncharakteristisch.

Hier, im Kanton Wallis, aber finden wir eine weit bemerkenswertere, eine sensationelle Ecke. Denn die Gegend von Brig, wo wir, vom Lötschberg kommend, die Talsohle erreichen, ist eine Dreisprachenecke. Wir sind im deutschsprechenden Gebiet, gleich drüben, bei Raron, wird's französisch, gleich droben, am Simplon, wird's italienisch. Eine Schweiz innerhalb der Schweiz! Eine Gegend für gutes europäisches Wetter!

Wenn man vom schweizerischen Wallis in die Schweizer Städte Locarno oder Lugano will, fährt man am besten über Italien, wie man dann auch von Lugano nach Graubünden besser über Italien fährt.

Doch wir fahren nicht wieder fort, wir freuen uns an dieser gesegneten Landschaft im sonnigen Tal, das durch Korrektion gesänftigt ist und von Geröll befreit wurde, das hier, bei Brig, seine Breite gewinnt, ein kultiviertes und zivilisiertes Tal mit regsamen selbstbewußten Städtchen Sierre und Sion, bei Martigny, wo es dem Mont-Blanc am nächsten ist, rechtwinklig nach Nordwesten abbiegend, dann die Grenze zwischen Waadt (rechts) und Wallis (links) bildend. Bei St. Maurice vorübergehend von Industrieanlagen entstellt, tritt das Tal der Rhône bei Bex durch eine Art Pforte und geht in die Breite, da sich der Genfersee ankündigt.

Die Rhône mündet still, unauffällig in den Genfersee, als wollte sie sich bei diesem Geschäft nicht beobachten lassen. Hat nicht überhaupt das Münden eines Flusses einen tragischen Zug von Selbstaufgabe, Selbstauflösung, vom Untergang durch allmählichen Übergang in die nächsthöhere Sphäre? In der ›Moldau‹ von Smetana ist dem Pathos dieses Endens ein Denkmal gesetzt, indem die Melodie, welche dem Fluß Moldau zugehört, gegen Ende allmählich breiter und weiter wird, ihre Gestalt verliert, verfließt.

Die Rhône mündet unauffällig; sie hat bis dahin aber sehr viel Auffallendes getan. Sie war eine Hauptschlagader für den Kanton Wallis, von beiden Seiten her durch Adern gespeist – und es ist weiß Gott nichts besonderes und besonderer Erwähnung wertes, daß ein großer Fluß von beiden Seiten her Täler aufnimmt, zugegeben – und doch lasse ich mir die Überlegenheit dieses Tals und seiner Nebentäler über alle anderen äußerlich ähnlichgearteten Gebirgsgegenden nicht ausreden. Denn dieses Tal ist so besonders fruchtbar und so besonders südlich freundlich, die Nebentäler aber kommen von so besonders hohen

Höhen her in diese linde Talniederung, und dies auch noch von beiden Seiten! Nur die Rhône von der Quelle bis zum Genfersee hat nördlich und südlich die Viertausender so nahe. Nur hier sieht man nach rechts und nach links in die Welt der Gletschergiganten. Das Gewaltige in seiner äußersten Gewalt rahmt die Lieblichkeit wie nirgends sonst.

Es bedürfte eines Homer, um einen Berge- und Tälerkatalog der Walliser Landschaft mit gebührender epischer Hoheit zu entwerfen:

> Simplontal, Saastal Saas-Fee, Mattertal, Turtmanntal südlich, Lötschental, Gemmital nördlich, Montanas besonnte Terrasse, Val d'Anniviers, Val d'Hérens: Evolène, Les Haudères, Arolla . . .

doch der Vers versagt wie die Prosa im Preis dieser Vielfalt des Herrlichen.

Da ist, von Saas-Fee aus, im Kranz vieler Gipfel einer zu sehen, der sich Dom nennt und mit 4545 Metern der höchste ganz auf Schweizer Boden gelegene Berg ist. Da ist das noch nicht ganz touristisch erschlossene Val d'Hérens, die noch nicht beendete gewaltige Stau- und Kraftanlage der Grande Dixence, da ist Leukerbad, Montana, Champex, da ist der Große St. Bernhard, mit ›nur‹ zweitausendvierhundertneunundsechzig Metern ein weiterer ›harmloser‹ Alpenübergang (hier wird der Bahn demnächst ein Tor geschlossen, indem man einen Straßentunnel, der sommers und winters praktikabel sein wird, baut).

Eigentlich müßte man über den Kanton Wallis ein eigenes Buch vom Umfang dieses Buchs schreiben, man dürfte nicht eines der Täler und eine der Städte vorziehen und gesondert hervorheben, und man würde vermutlich ob der Beschreibung dessen, was sich nicht beschreiben läßt, verzweifeln und sich nach einem zweiten, gleichfalls mißglückten Versuch des Versepos geschlagen geben und des großen Komponisten harren, der die einzig adäquate Form meistert, indem er eine symphonische Dichtung ›Die Rhône‹ komponiert.

Wir wollen stellvertretend nur dem Mattertal huldigen. Dieses ist touristisch allerdings völlig erschlossen, denn an seinem Ende befindet sich das Dorf Zermatt, Blickpunkt für den schon vor dem Aufkommen des Tonfilms mit Recht berühmten Berg Matterhorn.

Man fährt von Visp mit der Bahn talaufwärts. Bei Stalden zweigt das Saastal ab, bei St. Niklaus endet die Autostraße. Und man ist angesichts der Begegnung mit einer Form, die man im Bild schon so oft gesehen hat, sehr gespannt.

Man ist auch skeptisch. Man weiß es von so vielen Anlässen, bei denen das Original durch die Inflation von Abbildungen vorweggenommen war: man hat die Notre-Dame und den Eiffelturm und den Mont St-Michel und die Mona Lisa und die Skyline von New York und die Sixtinische Kapelle und was weiß ich, was noch alles, endlich in natura gesehen, man hat einfach eine vertraute Form identifiziert und gesagt: ›Stimmt‹, ohne daß sich die gebührende Erhebung einstellen wollte.

Dazu kommt, daß dem Matterhorn, wenn man Zermatt auf dem einzig denkbaren Weg per Bahn erreicht, ein guter Auftritt versagt ist. Es ziert sich. Es liegt nicht plötzlich da, wenn man um eine Ecke biegt, man sieht es, aber zunächst noch nicht im günstigen Blickwinkel, vom Zermatter Bahnhof aus. Man betritt das Dorf mit seinen charakteristischen alten, zum Schutz vor den Mäusen auf Pflöcke gestellten, wie Pfahlbauten fast frei schwebenden Holzhäusern und mit seinen leider auch charakteristischen neuen Hotels. Und diese Hotels sind alle auf das Matterhorn hin ausgerichtet, und das bedeutet, daß man jeweils ein Hotel vor das andere placiert und damit den freien Blick beeinträchtigt hat.

Dabei ist es noch ein Glück, daß Matterhorn und Mittagssonne von Zermatt aus in gleicher Richtung befindlich sind. Sonst wäre der Konflikt, wie man Fenster, Balkone und Terrassen anzulegen hat, grausam unlösbar geworden.

Wir wissen, daß in Zermatt nur Pferdewagen und Fußgänger zirkulieren dürfen. Doch schon so ist das Gewimmel im Dorf und auf den umgebenden Promenadewegen sehr dicht: auch hier Einsamkeit als Massenartikel.

Und doch – allen Bildern zum Trotz: das Matterhorn in natura hält, was es im Abbild verspricht. Wenn es einen Pulitzerpreis für Berge gäbe, müßte er dem Matterhorn zugesprochen werden.

Allerdings empfiehlt sich eine Fahrt mit der Gornergratbahn. Diese Bahn ist zwar in mancher Hinsicht ein Pendant zur Jungfraubahn. Auch sie macht die Annäherung an die höheren und höchsten Regionen zu bequem. Ohne Risiko begibt man sich in die Welt von Eis und Schnee, und wer empfindsam ist, fühlt sich als Eindringling.

Ich war dort, als unten schon die ersten Blumen und oben noch die letzten Skiläufer gediehen. Das Abteil schwirrte von mehrheitlich angelsächsischem heiteren Trubel. Ich stieg oben aus und war urplötzlich allein in der Stille. Die Sportler hatten alsogleich die Höhe pfeilgeschwind verlassen, ohne sich auch nur im geringsten umzublicken. Sie hatten den unsagbar schönen Punkt nur aufgesucht, um ihn zu verlassen.

Nicht in solchem Geist, doch um des Matterhorns willen, soll man die Bergfahrt trotzdem unternehmen. Man wird nicht müde werden, es anzusehen, wenn man sich ihm allmählich nähert und doch sehr fernbleibt. Es ist Naturwerk, aber ganz ohne Umsetzung einem Kunstwerk ebenbürtig: ein sublimes Stück abstrakter Plastik.

Il cantone generoso

Als wir uns, es ist nun vier Kapitel her, auf dem Gotthard befanden, wichen wir der südlichen Richtung aus. Nun ist's aber Zeit, daß wir uns dem Tessin zuwenden, das wir auch Ticino nennen könnten.

Dieses ist ein Kanton und nach dem gleichnamigen Fluß benannt, welcher es dem Rhein und der Rhône insofern gleichtut, als er auch von der Gotthardgegend herkommt und die Schweiz auf dem Weg durch einen See verläßt. Auch er verbringt in der Schweiz nur seine Knabenzeit und wird im Ausland groß; doch ähnelt er andererseits dem vierten bedeutenden hier entspringenden Fluß, dem Inn, indem er nicht persönlich das Meer erreicht, sondern zuvor die Fusion mit einem Kollegen, dem Po (beim Inn ist's die Kollegin Donau) vollzieht.

Kaum sind wir aus dem Gotthard-Tunnel gekommen – oder aus der Serpentinenregion in die besiedelte Sphäre – wissen wir, daß wir uns im italienischen Teil der Schweiz befinden. Die Häuser, die Kirchen, das unwägbar Spezifische der Siedlungen, alles spricht unverkennbar italienisch. Nun können wir nicht von einer ›Generalprobe für Italien‹ sprechen – und der Kanton Tessin ist auch weder eine Schweiz noch ein Italien für sich. Dazu fehlen die großen Städte, dazu fehlt die diversité, dazu fehlt fast alles – nein, der Kanton Tessin ist der bemerkenswert geglückte Versuch einer Anwendung des Schweizer Prinzips auf die Italianità. Er bewahrt, was immer außerhalb der Schweizer Grenzen geschehen mag, auch ein ganz echtes, charakteristisches Stück italischer Besonderheit in der europäischen Arche Noah mit dem Kennzeichen CH.

Er ist eher klein und recht übersichtlich; er hat vom Norden her nur drei Zugänge: neben dem Gotthard noch den Lukmanierpaß und den San Bernardino, der wie sein großer Bruder St. Bernhard demnächst durch einen Straßentunnel überwunden (eigentlich: unterwunden) und damit das ganze Jahr hindurch passierbar sein wird. Das Tessin ist eigentlich nicht viel mehr als das Tal des Ticino mit etwas Hinterland, gegen Süden geöffnet zur lombardischen Ebene hin. Wie nah, wie einfach ist's von hier nach Mailand, wie weit, wie umständlich von hier nach Bern. Lange Zeit führten von hier tatsächlich alle Wege nach Rom. Und doch blieben die Ticinesi bei den Eidgenossen, wenn auch zunächst als Untertanen und mit etlicher Nachhilfe und erst seit 1803 als selbständiger Kanton.

Des Tessins Hauptstadt ist Bellinzona, das keiner umgehen kann, der, woher immer, vom Norden durch den Tessin in die Ebene will. Demgemäß hat Bellinzona unverkennbar den Charakter des festen Platzes und ist in dieser seiner Eigenschaft vielen italienischen Städten ähnlich. Bellinzona ist auch sonst ganz Stadt, wenn auch klein, ist um seiner selbst willen da und kommt ohne den Segen und den Fluch des Tourismus aus, wenn es auch indirekt von ihm profitiert, denn hier sitzt die tessinische Regierung.

In Bellinzona ist die besondere Annäherung des Italienischen und des Schweizerischen total, denn die Städte Lugano und Locarno haben beides aufzulösen in die allgemeine Funktion des Bade- und Kurorts; sie sind sich dessen bewußt, daß man sie als Städte nicht ganz ernst nehmen wird, und nehmen daher sich selbst nicht ganz ernst. Bellinzona aber nimmt sich völlig ernst mit seiner Enge, die von Mauern und Kastellen beherrscht ist. Bellinzona gehört den Tessinern, das Tessin aber gehört seinen Besuchern. Und dies geht gelegentlich sehr weit.

Ein kluger Zeitgenosse, selbst deutschen Ursprungs und im Tessin wohnhaft, hat mir gestattet, ihn zu zitieren, als er den Drang seiner Landsleute in diesen gesegneten Landstrich das ›deutsche far niente‹ genannt hatte. Tatsächlich: hier ist eine große, gesteigerte und einigermaßen bedenkliche Invasion zu konstatieren. Man weiß, daß die Schweiz stets ein begehrtes Ziel der Flüchtlinge war; den konfessionellen und politischen Flüchtlingen früherer Notzeiten folgen nun in der Ära des Wohlstands die Steuerflüchtlinge, die Film-, Theater- und Literatur-Asse, die ihren Drang nach dem Süden auch gern weltanschaulich untermauern, die Demogranten, die das Land, dem sie die Mittel zum Ankauf hiesigen Terrains danken, verlästern. Man ist in Bellinzona aus naheliegenden Gründen gegen die Neu-Reich-Gäste nachsichtiger als in Bern, wo man sich um gesetzliche Handhaben bemüht, die unerwünschten Begleiterscheinungen einer erwünschten Konjunktur einzudämmen, auf daß nicht rund um Lugano und Locarno eine wahrhaft ›deutsche Schweiz‹ entstehe.

Noch ist Bellinzona nicht verloren, und nicht einmal Lugano und Locarno. Nur in Ascona wird es bereits bedenklich.

Der kurzfristige Besucher, der hier willkommen ist, versteht gewiß den Drang aller, die im Tessin zu siedeln wünschen. Man ist wie in Italien und doch nicht in Italien. Man hat allen italischen Segen und alle helvetische Solidität dazu. Man ist im Ausland, aber die angestammte Muttersprache ist hier Landessprache. Man ist im Süden, doch in seinem nördlichsten Zipfel.

Wie südlich ist es hier, so nah von den hohen Pässen und Gebirgsketten, die als Mahnung stets im Hintergrund sichtbar bleiben und als Kontrapunkt den Reiz der blühenden Südlichkeit reizvoll steigern. Wir waren eben noch im Wallis, wir sind noch ganz erfüllt von der Landschaft der Rhône und des Genfersees – wie anders ist's hier! Dort war die Südlichkeit westlich, hier ist sie südlich, dort war sie gallisch, hier ist sie römisch. In Luftlinienkilometern liegen Brig, Sierre, Sion, Lausanne und Genf gar nicht weit von hier, doch scheint es innerlich von hier zum Appenin näher als zum Tal bei Raron.

Der Ticino wird jenseits von Bellinzona breiter, das Tal weitet sich und geht in den Lago Maggiore ein. Die Hauptstrecke der Bahn steigt ein wenig, man kann in der Ferne den äußersten Zipfel des Sees bei Locarno noch heraufblinken sehen, dann quert sie den Monte Ceneri und senkt sich nach Lugano.

Auch Lugano und Locarno rivalisieren, doch kann man diesem Wettstreit beim besten Willen keine wie immer geartete Parallele Zürich-Basel, Lausanne-Genf, Rom-Hellas unterschieben. Vielleicht ist Lugano eine Spur städtischer und Locarno etwas mehr Fremdenort, vielleicht ist Locarno eine Spur italienischer und Lugano nicht ganz so ausgeprägt italienisch – doch sind beide Städte Städte und doch nicht Städte, Fremdenorte und doch wieder Städte, italienisch und doch wieder nicht italienisch.

Lugano liegt am gleichnamigen See, dessen Unübersichtlichkeit ihresgleichen sucht. Er ist nicht sehr groß und überkompensiert diesen Mangel durch seine Allgegenwart. Er sendet seine Lappen und Zipfel in alle Richtungen aus. Er geht sogar ums

Eck. Man steigt vom Ufer aus auf einen Berg, steigt auf der anderen Seite hinunter und ist wieder am Lago di Lugano. Dazu kommen die Schelmereien des Grenzverlaufs. Die alemannische Schweiz hat ihren mehrstaatlichen Bodensee, die gallische Schweiz hat ihren mehrstaatlichen Genfersee, aber die sind beide Stümper im Vergleich zum Luganersee. Hier ist das Phänomen einer italienischen Enklave lokalisiert, ein Stück Italien, das von Italien aus nur via Schweiz erreichbar ist: Campione. Und wie an allen mehrstaatlichen Seen liegt auch hier das Spielcasino, für alle Schweizer bequem erreichbar, im Ausland: am Bodensee ist's Konstanz, am Genfersee Evian, hier strahlt und lärmt, wenn die Schweiz längst Feierabend gemacht hat, das nächtliche Treiben von Spiel, Musik, Tanz und Gelagen Campiones über den stillen See in die friedliche Schweizer Nacht hinein.

Der Lago di Lugano ist nicht nur unübersichtlich, sondern auch vielfältig. Ein Ort nahe von Lugano heißt Paradiso – das mag vermessen sein, ist aber keine Falschmeldung und gilt für die ganze Gegend mit ihren selbstverständlichen Palmen, ihren malerischen Hängen, ihren gelegentlich steil am Ufer gestaffelten Küstensiedlungen, den beiden charakteristischen Kegelbergen, die in der Manier von Rio de Janeiro die Bucht von Lugano flankieren: Monte Bré und Monte San Salvatore.

Bergbahnen alle Kaliber führen vom See aufwärts, um Blicke abwärts zu ermöglichen. Die Stadt hat italische Enge und italische Plätze. Zum Unterschied von den gallischen Plätzen, wo man gern im Freien sitzt, sind die italischen Plätze Stehplätze. Sie laden zum far niente, zum ziellosen, lustvollen Bewußtsein der Vorhandenheit, zur Abweichung von der Existenz in die Richtung der bloßen Essenz.

Natürlich ist das Ufer im Interesse des reisenden Publikums künstlich und kunstvoll gestaltet, natürlich ist der Schiffsverkehr auf dem See in allen Richtungen rege, natürlich sind die Hotelbauten hier wie überall; es ist sogar hier besonders deutlich, wie sich der Stil der Ferienreise im Lauf der Generationen gewandelt hat. Als die großen Hotels von Lugano erstanden, fuhr man, wenn man ›aufs Land‹ fuhr, in eine Stadt.

Rund um die Stadt gruppieren sich die Dörfer und Weiler von Groß-Lugano: Cassarate, Montagnola, Castagnola, Porza, Massagno, und jedes könnte ›Paradiso‹ heißen. Je höher wir gelangen, je weiter wir uns vom See entfernen, um so intensiver wird der idyllische Gehalt von Siedlung und Natur.

Weiter entfernt, am See, liegt Morcote, ganz schmal an das

steile Ufer gezwängt, mit seiner berühmten Treppe zu seinem berühmten Friedhof, dem Royal-Splendid-Palace unter den Friedhöfen, einem Friedhof für Herrschaften, wie von Max Reinhardt inszeniert.

An einem anderen Zipfel des Sees fährt die Bahn, die vom Gotthard kommt, gegen den Grenzort Chiasso, von wo es so nah nach Como und auch nicht sehr weit nach Mailand ist. Hier, an diesem Zipfel, liegt auch der Monte Generoso, nur siebzehnhundert Meter hoch, doch ist das für hier schon eine beherrschende Höhe . . . ein letztes alpines Ereignis vor dem Übergang in die Fläche, das Auge generös verwöhnend durch einen weiten Blick auf das Schweizerische im Norden und das andere im Süden . . .

Die geographische Hauptstrecke ist mit der verkehrstechnischen nicht identisch. Denn der Fluß Ticino bleibt im Tal von Bellinzona, wo wir umsteigen müssen, um nach Locarno zu gelangen. Der Bahnhof von Locarno ist der lustigste Bahnhof, den ich kenne. Die Züge fahren hier so sehr bis mitten in die Stadt wie nirgends sonst. Schon vor dem Aussteigen ist man im Zentrum von Locarno.

Der Lago Maggiore hat den Ehrgeiz, seinen Vetter von Lugano zu übertrumpfen. Er ist nicht nur, wie der Name sagt, größer; seine Form ist einleuchtend – er ist ein seriöser, erwachsener See, der auf sich hält – doch ist er nur zu einem geringen Teil in der Schweiz gelegen. Auch hier Palmen, Blüten, Promenaden und eine alte italische Stadt mit Palazzi, Arkaden und Stehplätzen und helvetischer Gediegenheit als Inhalt römischer Formen. Auch hier herrliche Blicke von oben auf den gesammelt und selbstbewußt satt daliegenden See und die harten, nackten Konturen der rahmenden Höhen. Und hier, wie überall im Tessin, immer wieder Abwege, Seitenwege in stille, verträumte, mediterran anmutende Täler, die erschlossen und doch noch nicht völlig den touristischen Heerscharen aufgeschlossen sind. Hier im Tessin empfiehlt sich das Auto zu fast unendlich vielfältigen und vielgestaltigen Kreuz- und Quer- und Tal- und Bergfahrten, die noch den Charakter echter Entdeckungsfahrten haben. Und da die Schweiz auf Vollständigkeit Wert legt und außer über ein Meer über alles verfügt, was sich denken läßt, existiert hier auch, als einziges im Land, ein echtes Notstandsgebiet: das Val d'Onsernone.

An der Uferstraße von Locarno bis zur Schweizer Grenze hinter Brissago ist allerdings nichts mehr zu entdecken. Denn hier liegt Ascona. Und Ascona übertreibt maßlos. Einst waren hier auf dem Monte Verità die Naturheiler konzentriert, aber alsbald kam auch die Unnatur auf den Geschmack. Aus einem alten romantischen Fischerdorf hat sich ein S. Fischer-Dorf entwickelt, bevölkert von Intellektuellen, Künstlern, Snobs und jenen, welche ihnen dabei zusehen wollen – eine verspätete Filiale des Kurfürstendamms um 1930, gemischt mit St-Germain des Prés, eine Übertragung großstädtischer Unsitten ins Ländliche, ein Basar der Eitelkeiten, eine Börse der Betriebsamkeiten, ein ins Tessinische verschlagenes Babel am Main.

Ascona könnte bleiben, wie es ist, denn derlei muß es wohl geben; es sollte sich nur anderswo abspielen. Der See stört.

Wo bleibt das Negative?

Als ich Schweizern erzählte, daß ich über die Schweiz zu schreiben vorhätte, sagten fast alle: »Hoffentlich wird's recht kritisch!« oder: »Hoffentlich nehmen Sie uns auch gehörig her!« Und einer sagte: »Wir müssen noch ausführlich mit einander reden; ich werde Ihnen Ihre Sympathien für die Schweiz schon abgewöhnen.«

Dies wäre ein Grund, gegen die Schweizer minder kritisch zu sein und sie nicht ganz unsanft ›herzunehmen‹. Selbstkritik entwaffnet den außenstehenden Kritiker. Und die Schweizer zeichnen sich durch einen hohen Grad von Selbstkritik aus. Auf ihrem Boden gedeiht, der vergleichsweise geringen Zahl von deutschsprechenden Schweizern zum Trotz, seit Jahrzehnten ein autochthones satirisches Wochenblatt, der vortreffliche ›Nebelspalter‹. Auch sind sie seit langer Zeit kabarettistisch auf stolzer Höhe. Man könnte sagen: Die Schweizer machen sich gern und mit Erfolg über sich und über einander lustig – vielleicht müßte man diese pauschale Behauptung einschränken und sagen: Die Basler machen sich über alles lustig, vor allem über die Basler, und auch die Zürcher machen sich über alles lustig, vor allem über die Basler.

Die Schweizer sind durchaus bereit, zuzugeben, daß sie und ihr Land der berechtigten Kritik unterliegen. Allerdings importieren sie nicht wahllos, was sie selbst in zureichenden Mengen produzieren, also auch Kritik nicht. Gottfried Keller und Carl

Spitteler und andere große Schweizer haben gelegentlich die Schweiz heftig hergenommen – und von ihnen hört man sich derlei lieber und ernsthafter an als von Knut Hamsun oder gar vom Grafen Keyserling.

Vieles, was man gegen die Schweiz vorbringen könnte, liegt auf der Hand. Und nicht alles, was man gegen die Schweiz einzuwenden pflegt, ist zutreffend. Oberflächliche Betrachter und Kritiker halten sich vor allem an drei Spezialitäten: an das Übermaß von Abstimmungen, an die abnorm frühe Polizeistunde der Lokale und an die Stellung der Frau in der Schweiz.

Das Übermaß der Abstimmungen, die Durchdemokratisierung des Lebens ist gewiß kein Argument ernsthafter Kritik. Es ehrt die Schweizer, wenn sie selbst ihren »Kantönligeist« ironisieren; doch kommt es uns nicht zu, in diesen Chorus einzustimmen. Im Gegenteil: Da und dort täte außerhalb der Schweiz eine starke Portion Kantonsgeist sehr gut, auf die Gefahr hin, daß er gelegentlich zum Kantönchengeist (oder Kantonerlgeist) entarte.

Nur wer selbst als Nichtpolitiker an der politischen Gestaltung seiner Gemeinde und seines Staats aktiv Anteil nimmt, ist berechtigt, den ersten Stein zu werfen.

Die abnorm frühe Polizeistunde der Lokale wird auch von etlichen weltaufgeschlossenen Schweizern als seldwylisch provinziell beklagt, kommt aber durchaus den landeseigenen Sitten und Bräuchen entgegen. Wenn auch ein Reiseland, richtet sich die Schweiz eben doch nach ihren eigenen Bedürfnissen. In jedem echten Schweizer ist ein Hirt versteckt; der will schlafen. Er steht ja auch früh auf.

Es ist gewiß für Theaterleute, Journalisten und andere Abendmenschen unangenehm (und ich schließe mich ihrem Wehklagen an), nach der Arbeit oder nach dem Theater kaum mehr ein warmes Abendessen zu bekommen und spätestens um dreiundzwanzig Uhr fünfundvierzig, mit dem ›angebrochenen Abend‹ im Herzen, ohne jedes praktikable Lokal auf der Straße zu stehen. Das sogenannte Nachtleben ist in der Schweiz, sofern überhaupt existent, in die frühen Abendstunden vorverlegt.

Denn der Tag hat hier einen gleichsam parallel verschobenen anderen Ablauf: Was wir die ›Zehnerjause‹ nennen, heißt hier ›Znüni‹, ist also schon um die neunte Stunde fällig. Die nachmittägliche Mahlzeit ist hier die Abendmahlzeit (›Zobe‹), unser Abendessen heißt ›Znacht‹ und wird zwischen sieben und acht eingenommen. Das Nachtleben beginnt demgemäß spätestens um acht und kann sich hierauf etwa dreieinhalb Stunden lang frei entfalten.

Man findet die Schweiz und die Schweizer darum langweilig. Man findet sie auch humorlos. Da ich sie etwas besser kenne, da ich lange, wenn auch nicht mit ihnen, so doch bei ihnen und neben ihnen gelebt habe, glaube ich, daß sie vielleicht für uns langweilig sein mögen, daß sie's aber mit einander ebenso sehr und ebenso wenig langweilig haben wie andere Völker und daß sie nicht minder witzig sind als andere Völker, aber eben nur mit einander und für einander. Sie können über sich lachen, das steht fest; also sind sie ganz sicherlich nicht ganz so humorlos, wie sie manchen von uns vorkommen mögen.

Die Frage nach der Stellung der Frau in der Schweiz ist allerdings sehr komplex.

Wir alle erleben derzeit einen großen säkulären Wandel in dieser Hinsicht. Und solange er noch nicht abgeschlossen ist, stehen wir vor dem Dilemma: Sollen wir die Frauen wie einst weiterhin mit Galanterie, Rücksicht und allen Kavalierstugenden verwöhnen oder sollen wir ihre neuartige Stellung akzeptieren und auf die veralteten Unterscheidungen verzichten?

Im Dilemma zwischen diesen beiden Möglichkeiten entscheidet sich die Schweiz für keine von beiden. Der Frau bleiben alte und neue Privilegien vorenthalten.

Ein Schweizer beklagt sich beim anderen: »Die guten alten Höflichkeitsformen sind heute ganz vergessen. Da gehe ich

neulich aus einem Restaurant fort, mit mir zusammen ein Ehepaar – und was muß ich bei der Kleiderablage sehen? Der Mann nimmt seinen Mantel vom Haken und legt ihn an – die Frau nimmt ihren Mantel vom Haken und legt ihn an. Ist das nicht schrecklich?«

»Ja, das ist schrecklich!« antwortete der andere Schweizer. »Die Frau hätte doch zuerst ihrem Mann in seinen Mantel helfen sollen, bevor sie ihren eigenen anlegt!«

Soviel über den Stand der eidgenössischen Frauenemanzipation um die Mitte des zwanzigsten Jahrhunderts.

Der Begriff der Eidgenossin ist meines Wissens unbekannt. Die Schweiz wird von Eidgenossen und Schweizerfrauen bewohnt. Die älteste aller heute noch existenten Demokratien vereinigt ein Volk von Brüdern mit Ausschluß der Schwestern. Politische Gleichberechtigung, gerade im Land der Wahlen und Abstimmungen von besonderer Bedeutsamkeit, besiegelt noch immer nicht die längst verwirklichte soziale und berufliche Gleichberechtigung der Schweizerinnen.

In Ermangelung von Höfen kamen die höfischen Tugenden hier zu kurz. Der Gatte war und blieb, was Werner Stauffacher für seine Gertrud war: ihr ›lieber Herr und Ehewirt‹ und verweigert ihr bis heute den selbstverständlichen aktiven Anteil an den wesentlichen Staats-, Kantons- und Gemeindegeschäften.

Denn der Fortschritt geht rund um Bern einen gar bedächtigen Gang, den wir nur zur Kenntnis nehmen und gelegentlich nicht verstehen können. Auch im Hinblick auf die politische Gleichberechtigung der Frau hält die Schweiz noch beim Zeitalter der Eisenbahnen und hat die Uhr noch nicht von ›Berner Zeit‹ auf die mitteleuropäische Zeit umgestellt. Es hat ja auch unbegreiflich lange gedauert, ehe die Sozialdemokratie in der Schweiz politisch salonfähig geworden ist.

Wie will man auch die Frauen in einem Land anerkennen, das in seinem nationalen Kartenspiel keine ›Dame‹, sondern einen ›Ober‹ kennt und die höchste Trumpfkarte nicht ›König‹, sondern ›Bauer‹ nennt?!

So muß sich die Macht der Frauen, ihrer längst legitimen Ausdrucks- und Wirkungsmöglichkeiten im Wahllokal beraubt, andere Wege der Entfaltung suchen. So entstanden und blühen die mächtigen Frauenvereine und üben rächend ihr Regiment aus, indem sie vor allem alkoholfreie Gaststätten ins Leben rufen, in welchen die Nahrungsaufnahme jeglichen, nicht nur des alkoholischen Reizes ermangelt.

Inwieweit auch die Sauberkeit der Schweiz in den besonderen Mann-Frau-Spannungen wurzelt, ob sie also mehr ein Kapitel der Sittengeschichte oder der Kulturgeschichte ist, kann man schwer entscheiden. Sie ist jedenfalls ein Phänomen aus den fließenden Grenzbereichen zwischen ›imposant‹ und ›schaurig‹.

Anderswo ist Sauberkeit einfach die Abwesenheit der Unsauberkeit. Sie ist nicht so sehr vorhanden und mehr indirekt als Nichtvorhandensein ihres Gegenteils feststellbar. Beim Überschreiten der Schweizer Grenze aber überfällt sie uns, drängt sie sich uns auf. Die Schweizer Sauberkeit ist nicht Abwesenheit des Schmutzes, sondern provokante Anwesenheit von Nichtschmutz. Die Schweizer Frau – und jede Schweizer Frau ist, was immer sie sei, eine Schweizer Hausfrau –, die Schweizer Hausfrau ist die putzsüchtigste Frau der Welt, nur putzt sie weniger sich als Fußböden, Möbel, Stiegenhäuser. Unüberriechbar durchzieht jedes Schweizer Haus der Duft nach Bodenwachs. Man könnte auf jedem Fußboden der Schweiz bekanntlich Mahlzeiten einnehmen, doch pflegt dies gerade in der Schweiz bekanntlich niemals zu geschehen. Wozu also?

Und ebenso wie die Fußböden starrt in der Schweiz auch alles andere von Reinlichkeit: Straßen, Eisenbahnwaggons, Läden. Jede gute Eigenschaft, die in ihr Extrem gesteigert wird, kann in ihr Gegenteil umschlagen: Waschsucht, Putzorgien und Fegefeuer der Schweizerinnen ähneln bedenklich dem Wahn und Zwang, der da stets das Gute will und stets Unbehaglichkeit schafft.

Alles ist in der Schweiz jeweils noch sauberer. So ist zum Beispiel auch die alemannische Schweiz jeweils noch sauberer als die gallische und die römische Schweiz, diese aber sind ihrerseits jeweils noch sauberer als ihre gleichsprachigen Nachbarn. Es gibt dreierlei Hauptsauberkeiten in der Schweiz, und diese gliedern sich wieder in kantonale und örtliche Sauberkeiten mit einem, beispielsweise, deutlich spürbaren Sauberkeitsgefälle Lausanne–Genf; die jeweiligen örtlichen und kantonalen Sauberkeiten werfen einander, wie sich's gehört, mangelnde Sauberkeit vor und sind alle mit einander für unsereinen nur unwesentlich nuanciert und schattiert innerhalb der allgemeinen Monster-Super-Über-Haupt-und-Staats-Sauberkeit. Und ich werde den Verdacht nicht los, daß die Schweizer Frauen, von ihren Herren und Ehewirten auf den Status der botsmäßigen Hausfrau und Ehewirtin reduziert, Rache nehmen, indem sie ihr Hausfrauen- und Wirtinnentum auf die Spitze treiben und ad absurdum führen.

Es heißt, daß es in der Schweiz auch eine Unterwelt gibt, insbesondere in Zürich, und ich kann an diese Unterwelt kaum glauben, da es mir beim besten Willen nicht gelingen will, sie mir vorzustellen. Sollte es sie trotzdem geben, bin ich davon überzeugt, daß in Spelunken, Kneipen, Kaschemmen, Lasterhöhlen und verrufenen Häusern peinlichste Sauberkeit herrscht, daß dort jeweils vor Beginn der Gelage, Orgien und Ausschweifungen gründlich gefegt, geputzt, saubergemacht wird. Auch stelle ich mir vor, daß die Polizeistunde dort strikt eingehalten wird und daß sämtliche Exzesse spätestens um vierundzwanzig Uhr abgewickelt sein müssen.

Und damit wäre der Übergang zu der heiklen Frage nach der Liebe und Erotik in der Schweiz gegeben. Doch wer könnte da Kompetenz usurpieren und wagen, sich gutachterlich zu äußern?!

Eine der schönsten aller Liebesgeschichten ›Romeo und Julia auf dem Dorfe‹ ist von einem echten Schweizer geschrieben und spielt in der Schweiz. Ein anderer echter Schweizer, der kluge und liebenswerte Max Werner Lenz, hat einmal für das ›Cornichon‹ eine Szene ›Erotik in der Schweiz‹ geschrieben. Sie wurde von Mathilde Danegger und Emil Hegetschweiler unvergeßlich dargestellt und, ins Deutsche übersetzt, in dem Buch ›Die Urschweiz‹ abgedruckt.

Da sagt der Schweizer Ferdinand Schlupf auf die Frage nach der Erotik: »Ja, wenn ich so zurückdenke an die Uranfänge unserer Ehe, so muß ich zu meiner eigenen persönlichen Überraschung konstatieren: sie war nicht ganz ohne Erotik!«

Und durch Frage und Antwort nachdenklich geworden, ruft er seine Frau Lisbeth.

Und nun folgt ein sehr poetischer Dialog, kühn im Aussprechen und Aussparen.

SCHLUPF: Liseli, muß es sein?

LISBETH: Was denn?

SCHLUPF: Muß es sein, daß die Erotik in unserem Leben keine Rolle mehr spielt?

LISBETH: Was ist das – Erotik?

SCHLUPF: Aber Mama! Denk doch zurück an unsere ersten, glücklichen Ehejahre! Hat da die Erotik nicht eine gewisse Rolle gespielt in unserem Leben?

LISBETH (träumerisch): Aha – das ist Erotik gewesen?

SCHLUPF (resigniert abschließend): Ja – das ist sie gewesen!

Damit fällt langsam der Vorhang. Und damit wollen auch wir den Vorhang fallen lassen.

Die Winterthur-Saga

Nun sind wir unwiderruflich wieder in der alemannischen Schweiz und werden sie erst verlassen, wenn wir die Schweiz unwiderruflich verlassen. Wir haben noch einige Phänomene, einige Gegenden und ein Problem zu bewältigen. Notgedrungen werden wir dabei weiterhin unsystematisch und sprunghaft vorgehen.

Auch die Tonart hat an der Sprunghaftigkeit teil. Kaum sind wir einigermaßen kritisch und ironisch geworden, können wir nicht umhin, auf die hymnische Tour zu schalten.

Ich habe mich von diesem Buch überraschen lassen. Ich wollte erfahren, was ich über die Schweiz denke. Ich ging an die Arbeit – ich bewaffnete mich mit einer Batterie von Notizen, mit einem Arsenal von Meinungen. Da waren Tatsachen, da waren Eindrücke, da waren Erfahrungen. Da war ein gewaltiger positiv geladener Pol mit vielfachem Ja und als sein notwendiger Widerpart der beachtliche negative kritische Pol. Ich hatte viele echte, große, wesentliche Einwände auf Lager; sie befanden sich in meinem Bewußtsein, zum Sprunge geduckt, und harrten ihrer Stunde. Ich war von meinem Verlag ausdrücklich ermächtigt, ja: ermutigt, kritisch zu sein. Und auch meine Schweizer Freunde meinten: »Das können wir schon vertragen.« Ich schrieb Kapitel um Kapitel, die Einwände blieben zum Sprung geduckt und schnellten nicht hoch und verloren derart allmählich ihren Elan. Mir schien jeweils gerade in diesem betreffenden Zusammenhang das Positive zu überwiegen. Warum gerade in Basel das Pulver verschießen, gleich zu Anfang? Warum in Zürich, wenn schon in Basel nicht? In Bern, ja – doch da stellte sich mir das Lob der föderativen Demokratie in den Weg. Da und dort und fast überall trat das Positive in den Vordergrund. Das Negative würde schon noch kommen. Gerade daß die Lage von Interlaken, die Anlage von Genf und sonstige Äußerlichkeiten leise und durchaus nicht grundsätzliche Reklamationen auslösten. Ich geißelte die UN – die Schweiz ist nicht Mitglied der UN!

Ich wollte mich wiederholt zur Ordnung rufen, ermannen und in die Schranken treten, doch die Schweiz war stärker als ich; sie ließ mich nicht, ich segnete sie denn. Ich habe drei bittere Anekdoten auf Lager, ich habe schon vielen Leuten erzählt, daß sie in diesem Buch vorkommen würden – ich habe sie bisher nicht untergebracht und zweifle dran, daß ich sie noch erzählen werde.

Es kommt wohl selten vor, daß ein Thema mit einem Autor derart umspringt.

Ich habe, wie Herr Schlupf mit seinem Liseli, lange und intensiv mit der Schweiz gelebt, es war oft langweilig und oft zum Verzweifeln – und was eben die Lage der Ausländer in der Schweiz betrifft, sofern diese nicht Touristen sind oder Terrainkäufer, sondern Arbeitnehmer oder Flüchtlinge, wüßte ich zum Beispiel aus eigener und vielfacher paralleler Erfahrung manch bitteres und tragisches Erlebnis beizusteuern – doch da sitze ich, ich kann nicht anders, ich resümiere rückblickend und ziehe das Fazit und merke immer wieder staunend wie Schlupf: »Ja – das ist Sympathie gewesen.«

Ich habe viele Freunde in der Schweiz, die mir sehr nahe stehen. Aber daß ich die Schweiz so mag, habe ich nicht gewußt.

Schlecht verheiratete Männer sollten über ihre Frau ein Buch schreiben. Sie würden merken, was für eine nette, sympathische und reizvolle Frau sie haben.

Dabei muß ich noch etwas hinzufügen, da die Schleusen des Bekennens schon geöffnet sind:

Wenn ich Schweizer Berge, Täler und Seen rühme, muß man, bitte, auch wissen, daß dieses Ja einem leidenschaftlich übermäßigen österreichischen Heimatgefühl abgerungen wird, daß ich dem Salzkammergut verfallen, den Hohen Tauern hörig, Tirol ausgeliefert bin, daß ich beim Verlassen des österreichischen Hoheitsgebiets alsbald unruhig werde und angesichts selbst der notorischesten Pracht an heftiger Sehnsucht nach Seefeld, Zell am See, Grundlsee, der Stadt Salzburg und vor allem gewissen Bezirken von Wien laboriere.

Indem ich mich nun, nach solcher Vorbereitung, der Stadt Winterthur zuwende, meine ich nicht die Stadt, sondern das Ereignis, das man innerhalb und außerhalb der Schweiz mit Winterthur in Beziehung bringt. Und es ist ein Bestandteil des Ereignisses, daß die Freunde der bildenden Kunst, wenn sie ›Winterthur‹ sagen, die bildende Kunst, die Freunde der Musik aber die Musik meinen.

Die Winterthur-Saga ist eine Saga der Schweizer Industrialisierung und ihrer segensreichen Folgen. Winterthur war seit jeher eine kunstsinnige Stadt, dabei aber der Inbegriff einer Provinzstadt und nicht einmal Kantonshauptstadt. Winterthur wurde um die Mitte des vorigen Jahrhunderts vom Aufblühen der Industrie erfaßt, das ein Epos für sich ist.

Da war plötzlich einmal das Tempo der Schweiz nicht bernisch, sondern so, wie man es in Europa gern ›amerikanisch‹ nennt und in Amerika so selten antrifft. Da machte ein Land, dessen hauptsächliche Rohstoffe Milch und Gegend waren, der Widrigkeiten der Gegend spottend, seinen großen Sprung in die neue Zeit; gleichberechtigt trat die Volkswirtschaft neben die Landwirtschaft, und während die Welt nach wie vor ein Volk von Sennen, Alphornbläsern und Hoteliers zu sehen meinte, waren die Schweizer ein einzig Volk von Produzenten und Exporteuren geworden.

Und nun beginnt das Märchen. Es war einmal ein Vater, der hatte vier Söhne. Der älteste widmete sich ausschließlich der väterlichen Firma, der zweite war ein Dichter, der dritte interessierte sich für Musik, der vierte für die schönen Künste.

Schon der Vater hatte im ›Kunstverein‹ aktiv mitgewirkt. Er suchte Bekanntschaft mit Malern und Bildhauern, er förderte sie, nicht durch Erteilung von Aufträgen, sondern indem er ihnen Gelegenheit gab, gut und sorgenlos zu arbeiten. In dieser Atmosphäre wuchsen die Söhne heran. Sie waren wohlhabende Bürger und fühlten die Verpflichtung, es dabei nicht bewenden zu lassen. So wurde Winterthur zu einem Zentrum der Künste, weil die Familie Reinhart Künste und Künstler liebte.

Anno 1921 stellten sie einen Turm im Wallis, den sie kurz vorher erworben hatten, dem Dichter Rilke zur Verfügung. 1946 luden sie Rudolf Kassner ein, dort seinen Lebensabend zu verbringen.

Oskar, der jüngste Bruder, sammelt Bilder. Anno 1951 stiftete er einen Teil seiner Sammlung der Stadt Winterthur. Neben dem städtischen Museum hat die kleine Provinzstadt nun die eindrucksvolle Galerie der Stiftung Oskar Reinhart: eine geschlossene große Sammlung der Kunst des neunzehnten Jahrhunderts. Viele andere Bilder aber, alte Meister und Impressionisten vor allem, sind als drittes, heimliches Museum in einer Villa außerhalb der Stadt vereinigt. Nur wenige Privilegierte haben dort Zutritt. Nicht darum allein aber ist der Aufenthalt in diesen Räumen so besonders beglückend. Denn die großen Bilder leben dort oben ihr besonderes Leben, fern von Neugier und Sensationslust und pflichtschuldiger Repräsentation und allem

Verdacht des Snobismus; sie sind so sehr da wie in keinem öffentlichen Kunsthaus und Museum – sie gehen manchmal hinunter in die Welt, wenn sie an Ausstellungen verliehen werden, und kehren dann wieder hierher zurück, wo sie nicht ausgestellt sind, wo sie wohnen, mit einander, in ganz besonderer, liebend durchdachter, oft aufregend kühner, doch verblüffend stimmender unkonventioneller Anordnung.

Man begegnet hier am Rand der kleinen Industriestadt in der ›tiefsten Provinz‹ großen Originalen, die man längst aus Reproduktionen zu kennen meinte und nun erst kennen lernt. Anders als die Sammler im Stil der Medici, die sich und ihr Haus und ihre Herrschaft meinten, wenn sie sich Künste und Künstler dienstbar machten, ist hier das Große und das Schöne durch keinerlei Hang zur Repräsentation beschattet und ganz um seiner selbst willen da: l'art pour l'art.

Und man mag dies asozial finden, man mag es bedauern, daß die Kunstwerke nicht einer kunstsinnigen sogenannten Öffentlichkeit offen zugänglich sind. Aber wären sie das im ersten Stock eines Museums von Chicago? Sind Bilder dazu geschaffen, in den großen, mehr oder weniger geschmackvoll angeordneten Kunstgaragen der Galerien einander preisgegeben zu sein? Die Schöpfer wären gewiß glücklich, ihre Werke hier zu wissen, wo nur Liebe und Kennerschaft Zutritt haben. Und wenn es auch fernerhin Museen und Kunsthallen geben wird, bleibt dieses Bürgerhaus bei Winterthur unschätzbar als Gegenbeispiel, als großes Zeugnis der edelsten Liebhaberei. Und wenn man die Bilder fragen könnte, dann würden sie gewiß einstimmig dafür plädieren, daß man sie dort oben zusammenbleiben läßt, unauffällig, schwer zugänglich – ein Großes, das nicht auf sich hinweist, also ein charakteristischer Zug im Gesicht der Schweiz, wie wir es nun schon kennen. (Und überdies ist vorgesehen, daß auch die Privatsammlung einmal öffentlicher Besitz werden wird.)

Werner, der andere Bruder, liebte die Musik. Wie es in Winterthur seit 1848 einen Kunstverein gab, gab es hier auch das ›Musikkollegium Winterthur‹, und dies schon seit 1629. Werner Reinhart nahm sich des Konzertwesens seiner Stadt an. So wurde das Stadtorchester der tiefen Provinzstadt in den letzten Jahrzehnten ein führendes Orchester Europas. Das Winterthurer Streichquartett wurde zur Kammermusikvereinigung hohen Rangs. Das Musikkollegium veranstaltet in der Stadt von rund achtzigtausend Einwohnern jährlich etwa fünfzig Konzerte, darunter etliche allgemein kostenlos zugängliche Freikonzerte. Bedeutende Dirigenten und Solisten wirkten und wirken hier, und über die Wiedergabe werden auch die Schöpfer nicht vergessen. Die Begegnung zwischen C. F. Ramuz und Igor Strawinskij, aus der sich die ›Geschichte vom Soldaten‹ ergab, wurde in Winterthur vermittelt, und der dritte Bruder, Hans Reinhart, übersetzte den Text ins Deutsche. Und Anton Webern dankt Winterthur die letzte Auslandreise seines Lebens, da er während des zweiten Weltkriegs eingeladen wurde, hier der Uraufführung seiner Orchestervariationen beizuwohnen.

Auch in der Musik ist Winterthur ein großes Gegenbeispiel und ein sehr schweizerisches, denn es zeigt Vorrang und Gleichberechtigung des zahlenmäßig Kleinen auf Grund persönlicher, individueller Initiative.

Die Hauptstadt der Eidgenossenschaft ist Bern. Die Hauptstadt von Zürich ist Zürich. Aber das kleine Winterthur ist eine Hauptstadt der Künste.

Das gepflegte Naturereignis

Nun bleiben wir, da wir schon einmal hierhergesprungen sind, im Norden.

Hier liegt Schaffhausen, die erkerreiche Stadt, wie Basel und Genf von Ausland umgeben, fast belagert. Eine Straße und eine Bahnlinie verbinden die Stadt durch eine flaschenhalsartige Enge mit dem Rest der Schweiz; alle anderen führen nach Deutschland. Die kürzeste Bahnverbindung von Basel und Zürich nach Schaffhausen führt über deutsches Gebiet. Die Wegweiser weisen hier Wege nach Singen, Freiburg, Donaueschingen, Konstanz und ganz gelegentlich auch nach Zürich.

Der Rhein, dem Bodensee entströmt, ist hier (wie später bei Basel) noch einmal ganz kurzfristig beiderseits schweizerisch. Die Stadt liegt angenehm unregelmäßig und leicht ansteigend an seinem nördlichen Ufer. Der Bahnhof ist (wie seine Kollegen in Basel und Genf) zwischenstaatlich. Auf seiner ausländischen Hälfte stand noch im Mai 1961 ›Deutsche Reichsbahn‹. Das würde überall außerhalb der Schweiz provokativ wirken und heftig kritisiert werden. Nicht so hier, wo die Haltung so unmißverständlich ist, daß man sich das Kuriosum dieser Inschrift ohne Risiko leisten kann. So hat ja auch Basels ›National-Zeitung‹, im Volksmund stets ›NaziZytig‹ geheißen, obwohl sie alles eher als eine solche ist, ihre Kinderbeilage ›Der kleine Nazi‹ selbst während des Weltkriegs nicht umgetauft, und niemand fand etwas dabei. ›Warten wir eben die paar Jahre ab‹, mag einer in der Redaktion gesagt haben – und er hat recht behalten. Das sagt sich heute so leicht und war damals doch recht couragiert und ermutigend.

Rheinabwärts, mit der Straßenbahn erreichbar, durch gelegentliche Pfeile in der Stadt angekündigt, auch von der Eisenbahn, die aus der Schweiz via Deutschland nach Schaffhausen kommt, sichtbar, ist der berühmte Rheinfall befindlich, eine starke Attraktion, die sich ganz zweifellos in den letzten Jahrhunderten nicht verändert hat und die doch einen eher reduzierten Eindruck macht: eine Attraktion, die bessere Tage gesehen hat.

Einst galt dieser Fall als der Fall der Fälle und wurde nur von dem fernen Niagara übertrumpft. Man pilgerte hieher und ließ sich von einem elementaren Ereignis beeindrucken, das auch heute seinen Eindruck nicht verfehlt. Auch ich habe Eintritt gezahlt und bin auf den vortrefflich konstruierten Anlagen bis hart an die schäumend stürzenden Kaskaden vorgedrungen. Ich habe den Fall von oben, von unten, von rechts und von links gesehen, ein Schauspiel von bedeutendem Reiz, und doch: es ist, als sähe man rund um den Rheinfall einen Rahmen im reichverzierten alten Stil, als sähe man den Fall durch ein antiquiertes Stereoskop, als lese man ihn bei Mark Twain, dessen humorige Schilderungen der Schweiz noch das Entzücken der Zwanzigerjahre waren und bei deren neuerlicher Lektüre ich mich neulich vergeblich fragen mußte, was mich damals entzückt haben mag.

Der Rheinfall zeigt weit stärker noch als der Vierwaldstättersee die Antiquierbarkeit der Natur. Er scheint heute keine internationale, sondern nur noch eine deutschsprachige Sehenswürdigkeit zu sein, ein gepflegtes Naturereignis im Stil der Jahrhundertwende, aus der Mode gekommen wie Fächer, wie Straußenfedern, wie Kunstblumen als Hutschmuck, wie zweispännige Wagen – eine gutbürgerliche Sensation, ein wenig rührend, ein wenig verstaubt und hauptsächlich von älteren und ganz jungen Leuten aufgesucht. Sein Baedekerstern ist im Erlöschen. Es ist, als wäre dieses Stück Natur dem Altern unterworfen wie ein Kunstwerk und hielte der Zeit nur noch mühsam stand. Es ist, als hätte Richard Strauss diesen Wasserfall komponiert.

Rheinaufwärts nähern wir uns von Schaffhausen aus dem Bodensee, dessen Südufer von der Mündung des Rheins bei

Rheineck bis zum Ausfließen bei Stein am Rhein den Kantonen St. Gallen und Thurgau zugehört. Dies ist wieder eine ganz andere Schweiz als jede, welche wir bisher kennenlernten. Hier ist flaches und mäßig hügeliges Land, hier ist mehr Agrikultur als Kultur, hier gedeiht das Obst, hier sind die Schweizer intensiver unter sich als anderwärts, denn hierher kommen höchstens Schweizer, um zu baden.

Das drübere, nördliche, bundesdeutsche Ufer des Sees ist privilegiert, indem es den schönen Blick südwärts über den See und sein Ufer auf die ferner liegenden Berge genießt, wo die Alpen in einem ersten, noch schüchternen, aber doch bestens geglückten Versuch ihre Kräfte erproben. Im Rahmen dieses Versuchs ragt der Säntis hervor, gut sichtbar und beste Sicht bietend, nordwärts den See, die Ebene, die Verheißung der Vorberge, südwestwärts in allmählicher stufender Steigerung die ganze Pracht der alpinen Erfüllung.

In einer großen Rampe vom Bodensee aufwärts überwindet man die erste Stufe und gelangt zu der Stadt St. Gallen, die in das Hügelland hingebreitet daliegt. Sähe man die Stadt nicht, käme man wohl kaum auf die Idee, daß hier oben eine wirkliche ausgewachsene Stadt liegen könnte. Sie ist überraschend, dann aber, wenn man die Überraschung bewältigt hat, sehr anheimelnd in ihrer perfekten Städtchenhaftigkeit.

Ihre Hauptattraktionen sind die Stiftskirche, ein barockes Meisterwerk . . .

. . . nun spüre ich, wie aufbegehrende Leser meine parteiische Vorliebe für das Barocke tadeln und höhnen. »Wo immer etwas Barockes sich findet, hebt er's rühmend hervor – ja, ist denn die Gotik nichts?!« Gemach, die Gotik ist nicht nichts, und ich habe zum Beispiel das herrliche barocke Chorgestühl von St. Urban (zwischen Langenthal und Herzogenbuchsee) in diesem Buch mit keinem Wort hervorgehoben!

Und die Stiftskirche von St. Gallen ist eben, Gotik hin, Gotik her, auch sehr schön. Sie ist im Rahmen der Kathedralen ihresgleichen auch insofern bemerkenswert, als sie sozusagen mit dem Rücken zum Publikum da liegt, wie verkehrt abgestellt. Ihre schöne Vorderfront bietet nicht die gewohnte, entsprechend angeordnete weite Blickmöglichkeit.

In den allzu sauber renovierten, zu blitzblanken und drum wenig ehrwürdigen Komplex der Abtei förmlich eingezwängt ist die hochberühmte Stiftsbibliothek, ein Kleinod der Rokokoarchitektur, das allein den Besuch der Stadt St. Gallen unerläßlich macht und dessen Anblick alle Reste von pubertativen Erinnerungen an Scheffels ›Ekkehard‹ im Nu aus dem Bewußtsein hinwegspült.

Von St. Gallen kommen wir allmählich weiter aufwärts durch hügeliges Land nach Appenzell, den rundum vom Kanton St. Gallen umschlossenen ländlichen Kanton. Anno 1597 ertrugen die Appenzeller das gemeinsame Leben in ihrem Kanton nicht länger. Nach jahrelangen Zwisten wurde durch einen Landesteilungsbrief die Trennung in Appenzell-Innerrhoden (katholisch) und Appenzell-Außerrhoden (evangelisch) vollzogen. Zu den Tagsatzungen des eidgenössischen Staatenbundes hatten hinfort beide Halbkantone je eine besondere Gesandtschaft zu entsenden, die aber gemeinsam nur über eine Stimme verfügten. Und da die beiden Halbkantone niemals der gleichen Meinung waren, blieb die Stimme Appenzells, solange es Tagsatzungen gab, also bis zur neuen Verfassung 1848, unwirksam. Und das alles bei einem Gesamtareal von insgesamt vierhundertneunzehn Quadratkilometern und einer heutigen Einwohnerzahl von insgesamt etwa 63000!

Appenzell persönlich, Hauptort von Innerrhoden, hat heute etwas über fünftausend Einwohner, Herisau, der Hauptort von Außerrhoden, ist zwanzig Kilometer von Appenzell entfernt und hat deren fünfzehntausend. Appenzell ist idyllisch in eine weite Talmulde gebettet, ganz Dorf und doch auch ein wenig

Basar und ein wenig Sommerfrische und Winterkurort und dabei ganz und gar Hauptstädtchen eines Kleinststaats, sich selbst willig den zahlreichen Besuchern preisgebend, reichlich geputzt, alles Alte auf Hochglanz erneuert, mit einem bemerkenswerten Überangebot an Kuhglocken. Auf einem großen Platz in Appenzell steht eine Linde, und unter dieser Linde kommen alljährlich im Frühjahr die Stimmberechtigten des Kantons zur Landsgemeinde zusammen. Hier, in Außerrhoden, in Glarus und in Unterwalden hat sich diese uralte direkteste Urform der Demokratie bis heute erhalten. Die Männer wählen keine Volksvertretungen, sie entscheiden selbst, was zu entscheiden ist.

Die Appenzeller erscheinen zu ihrer Landsgemeinde zum Zeichen der Wehrhaftigkeit mit dem umgeschnallten Säbel. Und mögen wir auch die politische Benachteiligung der Frauen in der Schweiz nicht billigen: hier können wir sie am ehesten verstehen. Eine solche Landsgemeinde ist Männerwerk. Wir können uns weder vorstellen, daß die Appenzeller auf ihre Säbel verzichten, noch daß gleichberechtigte Appenzellerinnen hier auch mit umgeschnalltem Säbel erscheinen.

Jenseits von Appenzell und Säntis senkt sich's zum Tal des Toggenburg, einem Wintersportparadies. Hier wurde Zwingli geboren, hier stehen besondere, ehrwürdige Holzhäuser, die wieder ganz anders sind als die bäuerlichen Häuser anderswo in der Schweiz, etwa die bernischen Höfe mit ihren tief hinunter reichenden Dächern.

Und noch weiter innen, jenseits vom Toggenburg-Tal, erhebt sich ein schon grimmiger, dräuender Höhenzug: die Kette der Churfirsten, acht Klötze von Gipfeln, die drüben jäh und massiv zum düsteren Walensee abfallen. Da ist's dem Gebirge schon ganz ernst. Und noch ernster wird's weiter drinnen im Kanton Glarus, wo wir der inneren Urschweiz schon wieder nahe sind und wo die blühende, fruchtreiche Bodensee-Heiterkeit so fern und kaum denkbar scheint.

Der Bodensee ist ein sehr ausgedehntes Gewässer und durchaus ein Nutzsee mit regem Passagier- und Frachtenverkehr. Er ist eine große gemeinsame Angelegenheit der drei deutschsprechenden Staaten und mehr als das, denn er verbindet auch Bayern und Schwaben, sofern da eine Verbindung denkbar ist. Doch das gehört nicht mehr zum Thema Schweiz. Auch die größeren Bodenseestädte Bregenz, Lindau, Friedrichshafen und Konstanz befinden sich außerhalb der Schweiz; doch sorgen

Längs- und Querverbindungen aller Art für rege Kontakte an dem sogenannten ›Schwäbischen Meer‹.

Hier ist die Grenze des eidgenössischen Staatswesens offener als sonstwo, hier scheint die Schweiz frei in die Weite des mittleren Europa überzugehen, hier ähneln einander auch die Sprachen diesseits und jenseits der Staatsgrenzen, denn in Baden-Württemberg wie in Vorarlberg wird gleichfalls alemannisch gesprochen. Bregenz und Rorschach klingen ähnlicher als Bregenz und Innsbruck oder gar Bregenz und Wien. Konstanz und Romanshorn klingen ähnlicher als Konstanz und Augsburg oder gar Konstanz und Frankfurt. Die ausländischen Nachbarn von Rorschach und Romanshorn klingen verwandter als die miteidgenössischen Berner.

Um so deutlicher und krasser, weil nicht geographisch und nicht stammesmäßig unterstrichen, wird der große Unterschied, der auch hier und gerade hier die Schweiz von ihren Nachbarn abhebt.

Es liegt so nahe, ihn zu übersehen, ihn zu bagatellisieren.

Und doch ist's, als würde man Australier, Neuseeländer, Kanadier, Südafrikaner, Engländer und Nordamerikaner, weil sie alle englisch sprechen, als Einheit ansehen. Und wenn auch kein Weltmeer, sondern nur Pfähle und Schranken die Völker und Staaten hier trennen, ist's eine andere Welt, die wir hier mit ›Grüezi!‹ betreten. Jede Ähnlichkeit mit anderen Nationen ist rein zufällig und nicht beabsichtigt. Jede Ähnlichkeit trügt. Die Schweizer sind radikal, integral, fundamental anders als wir.

Menschen und ihre Einrichtungen sind charakterisiert durch ein unbestimmtes Etwas, das ein sehr bestimmtes, aber schwer bestimmbares Etwas ist, nicht ›Schicksalsgemeinschaft‹, Gott behüte, und auch nicht nur gemeinsame Geschichte, eher der Wille zur gemeinsamen Geschichte, mag sie sich auch in Bruderkriegen und permanenten Konflikten äußern. Sie wollen sein ein einzig Volk von Brüdern – es ist ihnen nicht immer gelungen, aber sie wollten es immer – dieses Wollen verbindet sie und unterscheidet sie von den Nachbarn. Diese mögen auch einem einzigen Volk angehören, doch sie wollen dies nicht so wie dieses Volk.

Die Schweizer sind gleich bei uns ums Eck wohnhaft, doch ganz exotisch. Und daß sie die gleiche Sprache sprechen wie wir, das ist unser großes Mißverständnis. Sie sprechen gar nicht unsere Sprache; sie schreiben und drucken sie höchstens. Aber sie sprechen, sie denken, sie träumen in einer völlig anderen Sprache.

Je näher wir sie kennenlernen, desto besser begreifen wir, daß wir sie nicht kennen können, und sprächen wir selbst ihre Sprache. Es ergeht uns mit ihnen, wie es uns, wenn wir englisch sprechen können, mit Einwohnern weißer Hautfarbe der Vereinigten Staaten ergeht. Zunächst halten wir sie für uns gleichartig; nach und nach aber merken wir, daß wir wenig mehr als die Hautfarbe mit ihnen gemeinsam haben.

Schweizer Deutsch und Schweizerdeutsch

Ich habe mir meine Sprachmeditationen für das Ende des Buches aufgespart. Ich will nachher nur noch zum Abschied dem Kanton Graubünden meine Reverenz erweisen und gemeinsam mit dem Inn der Schweiz Adieu sagen. Ich habe bisher ehern jedem Versuch widerstanden, die Sprache der alemannischen Schweizer zu diskutieren, denn dann wäre kein Halten gewesen. Ich wäre in diese Frage eingestiegen und hätte nicht mehr herausgefunden und damit das Gleichgewicht aufs Spiel gesetzt.

Nun ist beinahe alles, was ich sonst sagen wollte, gesagt, der Umfang ist vorgegeben, der Rhythmus der Kapitel etabliert, nun kann ich's versuchen.

Fast alle Schweizer – und hier sind die sogenannten ›deutschschweizer‹ Kantone gemeint – sprechen mindestens zwei Fremdsprachen: französisch und deutsch. Wir hören sie, wenn sie mit uns sprechen, und wir hören sie, wenn sie mit einander sprechen. Und das sind zwei in jeder Hinsicht von einander verschiedene Sprachen. Mit uns sprechen sie zögernd. Mit einander sprechen sie fließend. Mit uns sprechen sie Schweizer Deutsch. Mit einander sprechen sie schweizerdeutsch.

Das Schriftdeutsche des Schweizers unterscheidet sich sehr wesentlich vom Schriftdeutsch, wie wir es kennen und sprechen und schreiben und drucken. Es hat sich selbständig entwickelt und enthält viele Formen und Wendungen, die uns verblüffen.

In der Schweiz wird nicht geparkt, sondern parkiert, nicht gespeist, sondern gespiesen. Mehrere Koffer sind hier Koffern. (Ein ähnlicher Schweizer Plural ist durch die Literaturgeschichte notorisch geworden: die zu Beginn des achtzehnten Jahrhunderts von Johann Jakob Bodmer und Johann Jakob Breitinger herausgegebene epochemachende Zeitschrift nannte sich ›Diskurse der Mahlern‹.) Man wendet sich nicht an eine Behörde, man gelangt an sie (und dies deutet glücklich und charakteristisch an, daß man die Behörde hier, wenn man sich an sie wendet, zu erreichen pflegt). Die Enunziationen der Behörden sind Vernehmlassungen. Die Geldstrafe, zu deren Zahlung man verurteilt wird, ist eine Buße. Der Denunziant zeigt nicht an, er verzeigt.

Reicher und anders als bei uns anderen ist der Segen des Fremd- und Lehnworts dem Schweizer Sprachschatz zuteilgeworden: Coiffeur statt Friseur, Departement statt Ministerium, Thon statt Thunfisch, Stenodactylo statt Sekretärin, Comestibles statt Delikatessen beziehungsweise Feinkost, Jupe statt Rock, Tram statt Straßenbahn, Chargébrief statt Einschreibebrief, Glace statt Gefrorenes.

Anders als anderswo ist auch im Schweizer Deutsch die Betonung. Man wird ihr im allgemeinen gerecht werden, wenn man sich an die Regel hält: Betone jedes Wort auf der ersten Silbe außer St. Moritz, Schaffhausen, Abonnement, Departement und General!

Der Drang des Schweizers, die betonte Silbe möglichst weit vorzuverlegen, ist so ungestüm, daß er gelegentlich über die erste Silbe hinausgeht und die nullte beziehungsweise minus erste Silbe betont, so bei den Adelsprädikaten; man sagt *von* Arx, *von* Moos, *von* Salis, *von* Fischer – so auch bei den französischen Adelsprädikaten wie *de* Gaulle und anderen Wortverbindungen wie *du* lac oder *du* théâtre.

Das Schweizer Deutsch enthält viel mehr Französisch als anderes Deutsch. Unser ›danke‹ heißt im Schweizer Deutsch ›merci‹, und ›pardon‹ heißt im Schweizer Deutsch ›ägscüsi‹ (excusez). Der Schweizer Betonungs-Separatismus macht aus unseren französischen Jamben und Anapästen seine Trochäen und Daktylen. Wir sagen Hotell, die Schweizer sagen Hottel, wir sagen Renaissaaance, sie sagen Rennnaissance. Wer hat recht, wer hat unrecht?

Die Franzosen belächeln uns alle miteinander, denn sie betonen ›schwebend‹ alle Silben und keine; sie gehorchen komplizierteren Gesetzen der Satzmelodie. Wenn sie singen, kann dasselbe Wort jambisch oder trochäisch betont werden, in einem ihrer Lieder heißt es ›joli tam*bour*‹, in der französischen Übersetzung des ›Guten Kameraden‹ heißt es ›le *tam*bour de bataille‹.

Übertriebenes Belächeln der schweizerischen *Bu*ffets und *R*estaurants mit ihren *May*onnaisen und *Pa*tisserien ist also nicht angebracht, solange wir in unseren Cafés und unseren Menus weiterhin Bouillon oder Consommé, Soufflée und Pralinés konsumieren.

Das Schweizer Deutsch überrascht uns auf Schritt und Tritt. Daß es Dialektworte heranzieht, wäre dabei nicht so verwunderlich. So heißt der wertvolle Rohstoff der Bauern, bei uns Jauche genannt, in der Schweiz Gülle (daher der Name Güllen für den imaginären Ort, den Dürrenmatts alte Dame besucht). – Das, was wir halten, wird in der Schweiz gehoben. Ein gut angenähter Knopf hebt. Ein Festredner sagte am ersten August: »Was haben wir der Atombombe entgegenzuheben? Unseren schweizerischen Familiensinn!« – Rahm beziehungsweise Obers ist Nidel, Butter ist Anken. Das Mädchen wird meist als Tochter bezeichnet (Töchterschule), daher die Bezeichnung der Kellnerin als Saaltochter oder Serviertochter. Diese bedient nicht, sie serviert und fragt demnach, ehe sie das Eßgeschirr fortträgt, höflich: »Sind Sie serviert?«

Nun ja, das wäre kurios, aber nicht weiter spektakulär. Auch außerhalb der Schweiz existieren die bekannten Spannungen zwischen Bindfaden – Spagat – Strippe, Semmel – Brötchen – Rundstück – Schrippe. Überall sind Unterschiede bei den gebräuchlichen Speisen, überall sind örtliche Dialektwörter in die Speisekarten und in den Fachjargon eingegangen: Schorle und Tunke, Karfiol und Ribisel. Warum sollten die Schweizer nicht wie jedes Volk ihre Würste nicht nur in der Herstellung, sondern auch in der Bezeichnung von anderen unterscheiden und etwa Schüblig, Cervelat und Salsiz nennen?

Doch auch das gehobene Schweizer Schriftdeutsch ist voll von Überraschungen. In einer angesehenen Basler Zeitung las ich die Überschrift: ›Gefreutes und Ungefreutes aus den Jurabergen‹. Was wir erfreulich und unerfreulich heißen, ist in der Schweiz gefreut und ungefreut. Das Ungefreute kann in besonders krasser Form auftreten; so las ich in einer angesehenen Zürcher Wochenzeitung über eine Revolte der Walliser Weinbauern, die drohten, sie würden die regierungsrätlichen Amtsräume in der Kantonshauptstadt stürmen (es waren nichtkonzessionierte Weinstöcke von Helikoptern aus durch chemische Einwirkung amtlich zerstört worden): ›Die angewandte Vergiftung hatte in jedem Fall etwas Stoßendes an sich.‹ Und eine angesehene Zürcher Tageszeitung berichtete über die Vereinten Nationen und deren zähes Verhandeln unter der Überschrift: ›Harziger Auftakt zur UN-Generalversammlung‹.

Zäh ist harzig, gepflastert ist gepflästert, der Redakteur ist ein Redaktor, die Unterbrechung ist ein Unterbruch, die Totenfeier eine Abdankung.

Statt fortzusetzen oder fortzufahren, fährt man weiter. Man versammelt sich nicht, man besammelt sich. Das Opfer eines Unfalls ist ein Verunfallter. Man fragt nicht bei jemandem an, man fragt jemanden an. Man ruft nicht jemanden, sondern jemandem. (Faust: »Wer ruft mir?«)

Und so könnte man meinen, daß hier eben ältere, altertümelnde Formen sich länger erhalten haben. Doch das erklärt die Eigenständigkeit nur zum Teil (siehe ›parkieren‹).

Ein aufklärungsbedürftiger Sachverhalt wird in der Schweiz nicht auf-, sondern abgeklärt. Die Teile des Ganzen sind in der Schweiz nicht sächlich, sondern männlich: der Drittel, der Viertel. Andererseits sind weibliche Wesen sehr weitgehend dem sächlichen Geschlecht zugeordnet.

Auch wir sagen ›das Lieschen‹ und ›das Liserl‹. Aber für uns ist die Susi, die Hanni, die Gusti, die Fanni weiblich. Die Schweiz aber läßt fast allen weiblichen Namen die familiäre i-Form zuteilwerden und sagt dann: das Elsi, das Trudi, das Vreni, das Heidi.

Der aufrechte unerschrockene Bürger ist ein senkrechter Eidgenosse. Er ist urchig (etwa: urtümlich, bodenständig), seine Worte sind träf (etwa: treffend), er ist währschaft (etwa: rechtschaffen). Auch eine Fluglinie kann währschaft sein. Auch eine Suppe oder eine Mahlzeit kann währschaft sein. Das neumodische Haus mit den dünnen Wänden ist ringhörig. Wenn jemand ankündigt, daß er gleich kommt, sagt er: ›Ich komme grad.‹

Etliche, wenn auch bei weitem nicht alle Besonderheiten des Schweizer Deutsch sind im Duden kanonisiert. Dort lesen wir etwa, daß unser Kipfel beziehungsweise Hörnchen in der Schweiz ›der Gipfel‹ heißt, daß man in der Schweiz nicht anstellig, sondern ankehrig ist, daß der Verhandlungsgegenstand einer Tagesordnung (Traktandenliste) ein Traktandum, daß der Gockel Güggel, daß wippen gigampfen heißt, daß man die üble Nachrede betreibt, indem man schnödet. Der Duden erwähnt die Heubühne als schweizerische Form des Heubodens und das sächliche Geschlecht des Schweizer Trams. Er verzeichnet das Referendum (Volksentscheid) und die Initiative (Volksbegehren). Aber er verschweigt die Schweizer Bezeichnung ›Schnauz‹ für Schnurrbart, die man neben anderen Helvetizismen in der erzählenden Prosa von Max Frisch finden kann (doch sag' ich nicht, daß dies ein Fehler sei). Der Duden verschweigt vor allem, daß ›glatt‹ in der Schweiz nicht nur die Beschaffenheit einer Oberfläche bezeichnet.

Kommt das daher, daß die Schweizer ein rauhes Volk sind, daß ihr Land ein so rauhes Land ist? Glatt – das ist ihr höchstes Lob. Glatt – da ist alles Angenehme, Schöne, Gute, Bejahenswerte. Eine Speise, ein Buch, ein gesellschaftliches Ereignis wird gepriesen, indem es als glatt qualifiziert wird. Was besonders glatt ist, ist sauglatt. Die Sau, bei uns nicht eben salonfähig, drückt außerhalb der Schweizer Grenzen stets krasse Ablehnung aus (saudumm); in der Schweiz ist sie gesellschaftsfähiger und auch positiv getönt: sauschön, saulustig.

Gewisse Redensarten sind Schweizer Monopole: zum Beispiel ›wenn Sie wänd so guet si‹, das ›wenn ich bitten darf‹ bedeutet und immer wieder zu hören ist, oder das ›geht's so?‹, das überhaupt nichts bedeutet, eine leere Höflichkeitsformel, die der Verkäufer äußert, wenn er dem Kunden die Ware überreicht. Statt ›dann‹ im konditionalen Sinn (dann bleibe ich lieber zuhause) sagt der Schweizer gern ›in dem Fall‹; statt ›ja, bitte‹ sagt er gern ›gern‹. Auf eine Behauptung, die er durchaus nicht anzweifelt, reagiert er mit der Frage ›Sicher?‹ (wie die Angelsachsen mit ›Is that so?‹) oder mit ›Isch wahr?‹ oder mit ›Jä so‹. Er kann auch ›Aha!‹ sagen – doch davon später.

Dem österreichischen ›eh‹, das im Begriff ist, in das bundesdeutsche Vokabular einzudringen, entspricht hier ein ›sowieso‹.

Natürlich hat die Schweiz auch orthographisch ihre Spezialitäten. So ist unser Altpräsident oder Altnationalrat hier ein alt Präsident oder alt Nationalrat. So ist hier der Kai immer noch ein Quai. Man müßte also als orthographischer Pedant eigentlich schreiben: ›Schöner als alle Kais in Deutschland und Österreich sind die Quais in Zürich.‹

Eine weitere Eigentümlichkeit der Orthographie ist die intensive Verbindung der Bezeichnung ›Schweizer‹ mit allem, was sie als solches bezeichnet. Gewiß, man schreibt auch ›Wienerlied‹, ›Elsässerwein‹, ›Westfälerschinken‹; aber die Schweiz vermählt sich viel nachhaltiger und umfassender mit ihren Bestandteilen und Produkten. Man schreibt ›Schweizerfrau‹, ›Schweizerware‹, ›Schweizergeschichte‹. Das Münchener Kindl wäre in der Schweiz ein Münchenerkindl.

Diese durchaus oberflächliche, willkürliche und fragmentarische Information ist nur ein erster Schritt an das Schweizersprachproblem heran. Er zeigt uns, daß die Schriftsprache der Eidgenossen, weit entfernt davon, exotisch zu sein, doch innerhalb der deutschen Schriftsprache ein sehr eigenständiges Leben führt und gewissermaßen eine Fremdsprache ist. Diese Erkenntnis wird uns durch die Oberflächenähnlichkeit der beiden Hochsprachen stark erschwert. Es gibt viele Wörter, die hier und dort verschiedenes meinen, und das merkt man nicht auf den ersten Blick. Wenn ein Schweizer von einem glatten Mädchen spricht, wird ihn sein Gesprächspartner nicht verstehen oder mißverstehen. Und es gibt keine Kurse, keine Wörterbücher und keine sonstigen Hilfsmittel, um das Schweizer Deutsch in seinen zahlreichen und bedeutenden Besonderheiten zu erkennen und zu erlernen.

Wie diese mangelnde Erkenntnis sich auswirkt, kann ich durch eine wahre, tragische Begebenheit illustrieren.

Ein Wiener heiratete eine Schweizerin und brachte sie zu sich nach Wien. Seine Familie war zunächst freundlich eingestellt, alsbald aber reserviert und feindselig. Als Wendepunkt des familiären Klimas erwies sich ein erster Besuch der neuen Schwägerin in der Wiener Oper. Auf die Frage, wie es gewesen sei, hatte Trudi erwidert: »Es war ganz nett.« Und das schien den Wiener Verwandten einfach schrecklich. Sie wußten nicht (und ich erkannte es erst zwanzig Jahre später bei meinem intensiven und jahrelangen Umgang mit der Schweizersprache), daß sowohl ›ganz‹ wie ›nett‹ im Mund des Schweizers nicht das bedeutet, was es anderswo bedeutet. ›Ganz‹ meint in derSchweiz, dem Sinn des Worts sehr entsprechend, nichts Geringschätziges, Minderes. Wir sagen ›ganz gut‹, ›ganz brauchbar‹, wenn etwas eben noch gut, eben noch brauchbar ist – wir sagen paradoxerweise ›ganz‹, wenn wir ›halbwegs‹ meinen. Der Schweizer meint es wörtlich, er meint das, was wir mit ›ganz und gar‹ ausdrücken. Das, was ganz ist, ist für ihn ein Maximum, ein Optimum. ›Ganz schön‹ sagt er, wenn's kaum schöner sein könnte.

Und ›nett‹ steht für den Schweizer nicht, wie für uns, recht tief unten auf der Rangliste. Einen Menschen, ein Ereignis als ›nett‹ zu qualifizieren, das ist Ausdruck starker Zustimmung. ›Du bist eine Nette‹ ist nahezu eine Liebeserklärung.

Die Wiener Oper und eine ihrer glanzvollen Aufführungen als ›ganz nett‹ zu bezeichnen, ist also keineswegs herabsetzend oder despektierlich. Aus dem Schweizer Deutsch ins Deutsche übersetzt, entspricht dieses ›ganz nett‹ etwa einem ›ganz und gar herrlich‹. Aber wer weiß das in Wien? Und so ist eine familiäre Beziehung, und damit eine Ehe, nicht zuletzt an unbekannten sprachlichen Nuancen und Verschiedenheiten gescheitert.

In ihren Jugenderinnerungen an die Schweiz, die sie sehr geliebt hat, schildert Ricarda Huch, wie an ihrem ersten Abend in einem Zürcher Hotel Damen und Herren »sich sehr lebhaft und lustig unterhielten in einer Sprache, von der ich kein einziges Wort verstand. Soviel konnte ich unterscheiden, daß es keine von den bekannten westeuropäischen Sprachen war, auch eine slawische schien es mir nicht zu sein. Während ich darüber nachdachte, kam es mir vor, als ob einer der Herren einen mongolischen Typus habe. Sollten sie kalmückisch oder tatarisch sprechen?« Später stellt sich dann heraus: »Sie sprachen ihr angestammtes Zürichdeutsch, das mir bald so vertraut klingen sollte.«

Geht man durch Zürich, findet man an einem Haus das eindrucksvolle Schild:

Das Schweizerdeutsche Wörterbuch wohnt Seilergraben 1 und hat natürlich auch Telephon. Im Zürcher Telephonbuch liest man zu der Nummer noch den Zusatz: ›Sprachl. Auskünfte werden telephonisch nicht erteilt‹.

Nun ja.

Warum soll ein Land, dessen Eigenart und Eigenständigkeit wir ja an so vielen, vielen Symptomen so eindeutig erkannt haben, nicht seine eigene Sprache sprechen?! Denken wir an Holland, an . . .

Nein, denken wir weder an Holland noch an einen anderen vergleichsweise kleinen Staat! Denn hier, und nur hier, klafft der bodenlose Abgrund zwischen Wort und Schrift. Die Schweiz ist viersprachig, und das ist vorbildlich. Jeder alemannische Schweizer aber ist zweisprachig – wie soll er das bewältigen? Der Dialekt ist nicht an gewisse Schichten des Volkes gebunden, er ist allgemeine Umgangssprache. Anwälte unterhandeln im Dialekt, Gelehrte diskutieren im Dialekt. Wenn ein Schweizer Regisseur in Zürich mit Schweizer Schauspielern Goethes ›Iphigenie‹ in deutscher Sprache inszeniert, sprechen die Schauspieler ihr bestes Hochdeutsch, aber der Regisseur sagt zwischendurch zur Darstellerin der Iphigenie: »Gäll, du gosch by ›denkt Kinder und Enkel und schüttelt das Haupt‹ es bizzeli do ane.«

Im zaristischen Rußland sprachen gewisse Kreise, Muttersprache: russisch, mit einander gewohnheitsmäßig französisch. Das Hochdeutsch liegt den alemannischen Schweizern innerlich ferner als diesen Russen das Französische. Manche beherrschen es perfekt; doch es bleibt Fremdsprache.

Die Lehrer unterrichten in dieser Fremdsprache, die Geistlichen predigen in dieser Fremdsprache, die Anwälte plädieren in dieser Fremdsprache, die Zeitungen berichten in dieser Fremdsprache, die Kundmachungen dekretieren in dieser Fremdsprache, die Liebenden korrespondieren in dieser Fremdsprache, die Politiker debattieren in dieser Fremdsprache, die Dichter dichten in dieser Fremdsprache, die Theater spielen in dieser Fremdsprache (daher unter anderem die traditionelle Blüte des Kabaretts in der alemannischen Schweiz: Hier muß die Sprache auf dem Weg von der Bühne zum Publikum nicht umsteigen).

Dürfte man zum Versuch der Darstellung und Deutung der Schweiz nur ein Kapitel schreiben: es müßte dieses sein! Und wir sind erst beim ersten wesentlichen Abgrund angelangt, wir haben erst zweimal ›Nun ja‹ gesagt.

Wir haben zuvor erkannt, daß sich Deutsch und Schweizer Deutsch gewaltig unterscheiden, und sehen nun, wie diese Gewaltigkeit zur mikroskopischen Winzigkeit schrumpft angesichts des Unterschieds zwischen Schweizer Deutsch und Schweizerdeutsch.

Heimito von Doderer stellt in seinem großen Roman ›Die Dämonen‹ sehr eindrucksvoll dar, wie entscheidend das ›Überschreiten der Dialektgrenze‹, ein großer, umwälzender Durchbruch, für die innere Entwicklung eines Menschen ist.

Ich war mit sieben Jahren in Arbon am Bodensee, der Heimat meiner späteren Tante, welche die Wiener Oper ›ganz nett‹ fand. Ein etwas älteres Nachbarskind – das Margritli genannt, wenn ich mich recht erinnere – war als Gespielin problematisch, da ich sie nicht verstand. Es stellte sich heraus, daß sie hochdeutsch sprechen konnte, aber nicht recht wollte. Von einer nationalen Abwehr gegen Deutsches war damals noch keine Rede. Ich fragte nach dem Grund der Abneigung. Margritli sagte: »Es tut uns am Gaumen weh.«

Was im Leben des Helden bei Doderer ein einmaliger gewaltiger Augenblick ist, vollziehen Millionen Schweizer unaufhörlich als psychisch und sogar physisch schmerzhaften Übergang in beiden Richtungen.

Verstehen wir sie nun? Verstehen wir, wie belastet ihr Verstehen ist? Wir erkennen, warum sie uns gelegentlich abweisend, humorlos, unzugänglich, distanziert, ja, sagen wir es ohne Scheu: borniert, stur, schwerfällig, begriffstützig erscheinen. Es kommt alles von der Sprachschranke her, die zwischen ihnen und uns da ist und auch in jedem von ihnen. Wenn es den Begriff ›introvertiert‹ nicht gäbe, müßte man ihn eigens für die Seele des Schweizers erfinden. Und es ist kein Zufall, daß die Schizophrenie von einem großen Schweizer Gelehrten erstmals beschrieben und benannt wurde. Der normale Schweizer ist gewiß nicht schizophren, nicht einmal unbedingt schizoid, aber sein Sprach-Ich ist gespalten – der Terminus für das Phänomen steht noch aus, und seine kompetente Beschreibung wäre wünschenswert und segensreich.

Das jeweilige Überschreiten der Dialektgrenze durch den Schweizer äußert sich in Gesprächen mit dem Nichtschweizer durch den sogenannten Aha-Effekt. Wir sagen etwas und erwarten eine Antwort. Der Schweizer sagt zunächst ›Aha‹. Dann antwortet er. Vom ersten bis zum zweiten A in diesem ›Aha‹ braucht der Wortlaut, um ans Ziel zu kommen. Das H bezeichnet die Schranke, die der Satz vom deutschen Wortlaut bis zum Schweizer Sprachbewußtsein überwinden muß.

Das Überschreiten der Dialektgrenze kann in seiner kreativen Gewalt auch bedeutende Segnungen zeitigen. Gerade durch die Überwindung von Widerständen haben alemannische Schweizer große deutsche Prosa und Lyrik hervorgebracht, in belebender heimischer Gefärbtheit Gottfried Keller, in makellos reiner Schönheit Conrad Ferdinand Meyer. Doch die Schweizer müssen, wenn sie diese ihre Schweizer Dichter lesen, jeweils Zeile für Zeile den großen Schritt hinüber vollziehen.

Nun ja – zum dritten- und letztenmal. Auch andere Länder werden nicht von Millionen gewiegter Leser bewohnt, denen Literatur und Presse die eigene Sprache vorexerzieren. Im Schwarzwald, im Friesenland und im Zillertal mag es nicht minder weit vom Sprachbewußtsein des Volks zum gedruckten Wort sein. Gewiß, doch reden dort die Anwälte, Gelehrten und Parlamentarier, wenn sie mit einander sprechen, nicht im krassen heimatlichen Idiom – vor allem aber klafft dort äußerstenfalls je ein großer Abgrund.

Wir aber haben, wenn wir bisher ›Schweizerdeutsch‹ gesagt haben, bewußt ganz allgemein nur den Dialekt an sich gemeint und stellen nun fest, daß es den schweizerdeutschen Dialekt ja gar nicht gibt. Sonst wäre hier etwa ein Pendant zum Holländischen mit Nachsicht der Schriftsprache gegeben. Aber das vielfach strapazierte Bild vom Abgrund ist insofern zu ergänzen, als der Abgrund zwischen Schweizer Deutsch und Schweizerdeutsch sich seinerseits in ein verwirrendes System von Abgründen verzweigt. Zwischen Zürichdeutsch und Baseldeutsch gehen die Unterschiede ins Abnorme. Das Berndeutsche ist von beiden ebenso grundlegend verschieden wie das Ostschweizerische vom Innerschweizerischen. Das Walliserdeutsch wird selbst von sprachkundigen und sprachbewußten Landsleuten aus entfernteren Kantonen kaum verstanden.

Wenn der Schweizer Regisseur Goethes ›Iphigenie‹ mit Schweizer Schauspielern in Bern inszeniert und der Schauspielerin sagen möchte: »Nicht wahr, du gehst bei ›denkt Kinder und Enkel und schüttelt das Haupt‹ ein bißchen hier hinüber«, sagt er: »Gäll, du geisch by ›denkt Kinder und Enkel und schüttelt das Haupt‹ ä chli da häre.«

Wir befinden uns ja im Paradies des Föderalismus. Wie jeder Kanton ein Staat ist, ist auch jeder Dialekt eine selbständige Sprache. Oft wurde versucht, den Dialekt zur Schriftsprache avancieren zu lassen. (Ich habe in der Schweiz Aufschriften gesehen wie ›Das isch denn billig‹ in einem Schaufenster in Rorschach oder ›stoh blibe verbote – links laufe‹ auf einer Brücke in Schaffhausen. An der Basler Dreiländerecke nennt sich eine Gastwirtschaft dreisprachig im Idiom der an einander grenzenden Staaten Frankreich, Deutschland und Basel: Au long cours – Zur weiten Fahrt – Zer wyte Fahrt.) Aber die Versuche müssen scheitern, denn orthographisch, vokabularisch und grammatikalisch steht die absolute, unüberwindliche diversité im Weg. Auch ist der Dialekt ja nur dem Ohr vertraut, seine Transkription im Druck aber auch sehr fremdartig und dem Kantonsfremden oft noch fremdartiger als das fremdartige Schriftdeutsch.

Man kann in der Schweiz für ›ich‹ sowohl ›i‹ wie ›ich‹ wie

›eg‹ sagen. Und ›wir haben‹ heißt einmal ›mir händ‹, einmal ›mir hänn‹, einmal ›mir hei‹. Wenn man geht, dann gaht, goht oder geit man. (In Schaffhausen läuft man.) Will man sagen ›auf einmal, plötzlich‹, sagt man in Zürich ›uf eimal‹, in Bern ›ungereinisch‹ und in der Ostschweiz ›nottmend‹.

Das Berndeutsche meidet die Anrede ›Sie‹ und ersetzt sie durch das altertümelnde ›Ihr‹.

Man ist in der Schweiz dem Mittelhochdeutschen sehr nahe. Und für den Liebhaber und Fanatiker des Sprachlichen wird die Begegnung mit der Lebendigkeit alter Formen zum großen Erlebnis, gelegentlich zur Offenbarung. Da ist's, als wäre man Ohrenzeuge, wie anno Nibelungenlied gesprochen wurde, da wird tatsächlich noch viel ›geseit‹, wenn viel gesagt wird, da ist das Imperfekt noch nicht erfunden, da ist man nicht gewesen, sondern ›gsi‹, da ist etwas ›öppis‹, da sind herrliche, farbige, saftige starke Formen erhalten wie ›gstumme‹ für ›gestimmt‹ und ›ghulfe‹ für ›geholfen‹, da ist vor allem im Bernbiet (dem Kanton außerhalb seiner Hauptstadt) eine besonders fremdartige, wuchtige, unverfälschte Sprache zu bestaunen. Sie ist durch Jeremias Gotthelf in die Literatur eingegangen, aber wir stehen ihr, wenn auch bewundernd, doch so distanziert und von außen gegenüber wie die Schweizer unserer Sprache.

In Bern ist, wie alles andere, auch die Aussprache eigenwillig und anders als überall sonst. Der Berner kennt das L nicht; er ersetzt es durch das U. Gottfried Keller wird zum Ke-u-er. Haller und Hauer sind akustisch fast identisch, ebenso Maler und Mauer. ›Viel zu viel‹ klingt: viuzviu, ›alle Fälle‹ sind: au Fäu. Ich vergesse es nie, daß einer aus Bern einmal während des Kriegs in seinem Dialekt einen Vortrag über Filmprobleme hielt und dabei ausführlich vom Spielfilmstil, also immer wieder vom ›Spiufiumstiu‹, sprach.

Die ganze sprachliche Problematik in Wort und Schrift wird an einem Beispiel offenkundig. Ein Schweizer Kabarett, das ›Federal‹, ließ von Schweizer Autoren Texte schreiben, die von Schweizer Darstellern gesprochen wurden. Wo außerhalb der Schweiz wäre dies ein Problem? In dem Buch, das die Texte enthält, steht jedoch die Vorbemerkung: »Die Schreibweise der Dialekte entspricht der gespielten Fassung, die zwischen der Mundart des Autors und derjenigen des Darstellers ›helvetische Kompromisse‹ schließen mußte.« Jeder Schweizer spricht und schreibt anders als jeder Schweizer.

Denn die Dialekte sind – wie könnte es anders sein?! – nicht nur in horizontalem, sondern auch in vertikalem Sinn geschieden und unterschieden. Abgründe also auch innerhalb des Baseldeutschen zwischen Basels Vorstädten und dem stinkfeinen Idiom der Basler Patrizier mit seinem gutturalen R, das fast wie ›rch‹ klingt und an das französische R gemahnt, so daß der Garten zum ›Garchte‹ wird.

Diese gesamte horizontale und vertikale Unerschöpflichkeit zu bewältigen, unternimmt das bereits genannte Wörterbuch, das sich mit anerkennenswerter Unempfindlichkeit gegen faule Witze ›Schweizerisches Idiotikon‹ nennt. 1862 wurde der Verlag gegründet, seit 1818 sind zwölf Bände (bis zum Buchstaben T) erschienen. Drei bis vier weitere Bände sollen das große Werk in den nächsten Jahren abschließen.

Doch selbst wenn die philologische Kodifizierung beendet ist, selbst wenn man durch Nachschlagen oder Anfrage beim Verlag (schriftlich, bitte, nicht telephonisch!) über jede Eigentümlichkeit aufgeklärt werden kann: wie geht es zu, wenn Landsleute im eigenen Land einander wie Fremdsprachige gegenübertreten? Man kann Französisch, Englisch, Italienisch lernen, was aber soll der Lausanner, der Genfer, der Luganeser lernen? Er kommt nach Zürich, hört, nimmt auf, glaubt zu wissen, wird aber durch Plakate, Zeitungen, Bücher in ihrer völligen Andersartigkeit alsbald wirr, erfaßt mühsam den Unterschied zwischen gesprochener und gedruckter Sprache, kommt nach Bern oder Altdorf oder Buchs, und dort ist wieder alles anders. Er hat sich sehr mühsam sein K gutturalisiert, er kann Kchrampf sagen, kommt nach Basel und hört dort, daß der Krampf, der ihm arge Krämpfe verursacht, ohne jede Gutturalität eine Art Grampf ist.

Wenn Schweizer mit Schweizern reden, ist's oft, als würde der Fischer Klas aus Husum mit dem Bauern Hias aus Schliersee reden. Nur daß die Vielfalt hier so hart beieinander wohnt. Sie meinen das gleiche, wenn sie mit einander reden, und drücken es phonetisch, vokabularisch und grammatikalisch so anders aus. Sie reden mit einander und haben von Kind an gelernt, ihre respektiven Fremdsprachen zu koordinieren. Eine unbewußte Simultandolmetschanlage für alle schweizerdeutschen Nuancen und Varianten, ein geheimes händ-hänn-hei-Clearing ist im Sprachzentrum jedes Schweizers und jeder Schweizerin wirksam – und schon das ist eine sehr beachtliche Leistung.

Ich bin oft mit ihnen gesessen. Und da sie wußten, daß ich alles verstehen, wenn auch nicht in ihrer Sprache mitreden kann, taten sie sich keinen Zwang an. Locker und munter und farbig und lebendig flossen Rede und Gegenrede. Jeder sprach die Sprache, in der er denkt, in der er träumt, die er als erste erlernt und in seinen ersten Jahren als einzige gesprochen hatte: seine Sprache. Und dann kamen andere hinzu, Gäste aus Deutschland oder Österreich, liebe und beliebte und gern gesehene Gäste – doch nun wurde das Gespräch in deutscher Sprache geführt. Und aus den lockeren und munteren und farbigen und lebendigen Gesprächspartnern wurden etwas schwerfällige, ein wenig gehemmte, innerlich behinderte, am Aha-Effekt krankende Außenseiter (es wäre denn, sie hätten lange im Ausland gelebt und sich die Fremdsprache so zueigen gemacht wie unsereiner, der unter Franzosen oder Angelsachsen lebt).

Hier ist der Schlüssel zu allem, was unsere Beziehung zu den Schweizern mit soviel Mißverstehen belastet. Sie sind ganz anders, als wir sie sehen. Sie sind gar nicht so wie die Schweizer.

Um das Trennende zu überwinden, müßten wir ihre Sprache erlernen. Und für die gibt es keine Lehrbücher und keine Berlitz School. Um die Schweizer zu erkennen, müßten wir als ihresgleichen mit ihnen leben. Um aber wie ihresgleichen mit ihnen zu leben, müßten wir vorher schon jahrelang mit ihnen gelebt haben, am besten unsere ersten sechs Lebensjahre lang. Wir müßten eine ihrer Sprachen geläufig sprechen und etwa ein Dutzend geläufig verstehen. Statt über sie müßten wir mit ihnen lachen können. Gelänge uns dies selbst (dafür, daß es nicht gelinge, sorgt unter anderem auch die Fremdenpolizei), würden wir vermutlich zu Schweizern werden – was ja nicht der Zweck der Übung war. Denn dann gäbe es nicht endlich so und so viele Ausländer, die wissen, wie die Schweizer wirklich sind, sondern nur etliche Schweizer mehr, über deren Art und Wesen die Ausländer bedauerlicher-, aber begreiflicherweise wenig oder gar nichts wissen.

Das Schönste vom Schönsten

Im Kanton Graubünden heißen viele Berge ›Piz‹ mit dem Vornamen. Und auch sonst ist wieder einmal alles anders als anderswo. Hier begegnen einander bündnerisches Schweizerdeutsch, sehr weich und, versteht sich, ganz eigenständig und, versteht sich, in viele Subdialekte gespalten, mit den drei Dialekten der vierten Landessprache. Hier siedeln aber auch, jenseits der Paßhöhen, in drei Zipfeln: südlich vom Berninapaß (Poschiavo), südlich vom Malojapaß (Bergell-Bregaglia) und südlich vom San Bernardino (Mesocco) die einzig italienischsprechenden Schweizer außerhalb des Tessins. Graubünden ist groß und weit, der flächenmäßig größte und der dünnstbesiedelte Kanton der Schweiz.

Man betritt ihn wohl meist im Tal des Rheins. Dort ist die Pforte von Sargans, wo unweit von Österreich St. Gallen, Graubünden und das Fürstentum Liechtenstein an einander grenzen, wo viel Strategie und Taktik in der Luft liegen und wo ein faszinierender Bahnhof zu bestaunen ist. Der Bahnhof von Sargans ist kein Durchgangsbahnhof und kein Kopfbahnhof, er ist triangulär, er läuft spitz zu, er liegt nicht neben den Geleisen, sondern wird von ihnen umschlossen und umflossen.

Das Tal des Rheins bleibt breit und weit bis zum Knie bei der Kantonshauptstadt Chur, die daliegt wie eine Spinne im Eisenbahnnetz. Von hier aus gehen Linien nach allen Seiten, hier ist noch Tal, aber rund herum bereits erhebliches Gebirge. Schon die Stadt selbst hat ihren Berg, doch thront da beherrschend nicht die weltliche, sondern die geistliche Macht rund um den schönen, stimmungsvollen Dom mit seinem erhöhten Chor und Altar (nicht barock!). Das Regierungsviertel ist unten in der pittoresken, engen Altstadt mit ihren stolzen Patrizierhäusern, wo uns alles so überaus lateinisch anspricht. Und tatsächlich wurde in Chur sehr lange noch romanisch gesprochen, das sogenannte Churerwelsch, das auf dem Umweg über ›Chuderwelsch‹ für den Begriff Kauderwelsch verantwortlich ist.

Ich erneuerte, von einem sehr ortskundigen Taxichauffeur geleitet, meine Bekanntschaft mit Chur. Er zeigte mir das Untersuchungsgefängnis, wo die Häftlinge durch vergitterte Fenster zu ebener Erde auf die Straße hinaussehen, und dann auch das ›Bärenloch‹, einen Komplex uralter, zivilisatorisch noch nicht regenerierter Häuser und Höfe. Der Chauffeur sagte dort und leistete damit unfreiwillig einen wertvollen Beitrag zur Psychologie und Soziologie der Schweiz: »Da wohnen nur so Italiener drin, die wenig können bezahlen.«

Und damit ist die letzte Gelegenheit gekommen, die drei bitteren Anekdoten zu erzählen, die mir zur Kritik der Schweiz so wesentlich scheinen. Zwei von ihnen hängen mit dem Bezahlen zusammen, die dritte spricht von der, gelinde gesagt, Distanziertheit der Schweizer den Ausländern gegenüber.

Die erste Anekdote erzählt R. A. Langford in seinem Buch ›England–Schweiz unentschieden‹ einem nicht näher bezeichneten ›witzigen Franzosen‹ nach:

Gott schuf den ersten Schweizer und fragte ihn: »Was willst du?«

»Berge«, antwortete der Schweizer.

Gott schuf Berge für den Schweizer und fragte ihn: »Was willst du noch?«

»Kühe«, sagte der Schweizer.

Gott schuf Kühe für den Schweizer. Der Schweizer melkte die Kühe, kostete die Milch und fragte: »Willst du kosten, lieber Gott?«

Der liebe Gott wollte kosten.

Der Schweizer füllte einen Becher mit Milch und reichte ihn Gott.

Der liebe Gott nahm den Becher, trank ihn aus und sagte: »Die Milch ist wirklich ganz besonders gut. – Was willst du noch?«

»Einen Franken zwanzig«, sagte der Schweizer.

Die zweite Anekdote ist nicht erfunden. Als im März 1938 die Deutschen in Österreich einmarschierten, wollte der Schauspieler Oscar Karlweis möglichst schnell ausreisen. Er hatte am Zürcher Schauspielhaus mehrfach erfolgreich gastiert, er schickte darum dem Direktor dieses Theaters, dem schwerreichen Herrn Rieser, ein Telegramm, in dem von einem Gastspiel die Rede war.

Rieser verstand, telegraphierte sofort zurück und lud Karlweis zu einem Gastspiel nach Zürich ein.

Dank diesem Telegramm reiste Karlweis von Wien in die Schweiz. In Zürich angekommen, ging er sofort zum Schauspielhaus und fragte nach Herrn Direktor Rieser. Dieser war nicht da. Aber er hatte einen Brief für Oscar Karlweis hinterlassen.

Karlweis öffnete den Briefumschlag. Er fand darin keinen Brief, sondern nur einen Zettel »Telegrammspesen Zürich–Wien: soundsoviel Franken soundsoviel«.

Auch die dritte Anekdote ist nicht erfunden. Ein ausländisches Ehepaar, in der Schweiz wohnend, lernte bei Schweizer Freunden ein dortiges Ehepaar kennen. Man war einander vom ersten Augenblick an besonders sympathisch, man unterhielt sich bestens mit einander, die Sympathien waren durchaus gegenseitig.

Beim Abschied nach einem besonders charmanten und reizenden Abend sagten die Ausländer zu den Schweizern: »Es wäre sehr nett, wenn Sie einmal am Abend zu uns kommen wollten!«

»Nein, danke«, sagten die Schweizer. »Wir bleiben am Abend lieber zuhause.«

Auch das ist die Schweiz. Aber es hängt mit dem Kanton Graubünden, in dem wir uns befinden, nur höchst mittelbar zusammen. Zurück nach Chur!

Man kommt von Chur rheinaufwärts bald nach Tamins, wo Vorderrhein und Hinterrhein sich zum Rhein vereinigen.

Der Hinterrhein kommt hierher vom Rheinwaldtal durch die Viamalaschlucht, die Besseres verdient hätte als die Verbindung mit John Knittels schnulziger Verherrlichung des ungesühnten Mords.

Der Vorderrhein kommt vom Oberalppaß her. Wenn man mit der großartigen Schmalspurbahn von Disentis dort hinauf fährt, kann man ihm förmlich beim Entspringen zusehen.

Von Chur gelangt man auch nach Arosa hinauf, einem Ort, den es nur in der Sommer- beziehungsweise Wintersaison zu geben scheint, wieder einem Dorf, das unter Überspringung des Dorfstadiums direkt zum Höhenkurort geworden zu sein scheint, und das nun – wir kennen das bereits – bewußt seiner Dörflichkeit entgegenarbeitet.

Ein bekanntes Wiener Dictum preist das Kaffeehaus: Man ist nicht zuhause und doch nicht in der frischen Luft. Diese Formel abwandelnd, könnte man über zahlreiche alpine Zivilisationskonzentrationen sagen: Man ist wie zuhause und doch in der frischen Luft.

Wer sich dem Ritual und Regime der großen Splendid-Palace-Schweizerhöfe unterwirft, ermangelt vielleicht der erforderlichen Distanz, ihre ganze Widersprüchlichkeit zu ermessen. Ich aber bin als flüchtiger Zaungast beobachtend durch die Bergwelt gebummelt, ich habe den Sommerfrischlern beim sommerfrischeln zugesehen und gemerkt, wie namenlos städtisch diese Dörfer geworden sind. Dies mag vor allem mit dem Einbruch des Wintersports in das mittlere Europa zusammenhängen. Man kann diesem nur bis zum frühen Einbruch der Dunkelheit obliegen und muß daher viele Stunden mit naturfremder Freizeitgestaltung totschlagen. Die entsprechenden Institutionen sind nun einmal da und grünen auch zur Sommerszeit.

Dies alles ist ganz besonders in Davos zu spüren.

Davos zerfällt in Davos-Dorf und Davos-Platz. In Davos-Platz ist kein Platz. Davos-Dorf ist kein Dorf. Das Problem des Autoparkens ist da ähnlich prekär wie in der Großstadt zur Zeit der heftigsten Verkehrsdichte.

Hier ist es überall wunderschön, nur nicht in Davos. Dies trotz (oder wegen) der gewissen Attraktionen, darunter einer Kunsteisbahn, die auch im Hochsommer in Betrieb ist.

Das hochgelegene, klimatisch milde Tal von Davos ist seit jeher notorisch das Mekka gewisser Kranker und leidet demgemäß derzeit unter der Schwindsucht der Schwindsucht, die ja im Abklingen ist und auch zur Pflege und Heilung nicht mehr unbedingt der gewissen Höhenlage bedarf. Man kennt Davos, auch wenn man es nicht kennt, aus dem Roman ›Der Zauberberg‹. Heute ist zwar noch der Berg da, aber die Entzauberung ist recht weit gediehen.

Die kopernikanische Wendung vom Sommer zum Winter ist hier besonders deutlich. In der Metamorphose der Institutionen konnte das Mekka immerhin seine Himmelsrichtung beibehalten – die Terrassen und Balkone bleiben gen Süden gewandt, die Sonne scheint sommers und winters gnädig auf Ungesunde und Gesunde, der Himmel lacht strahlend über den (und vermutlich auch über die) Touristen und Wintersportfetischisten.

Von Chur gelangt man auch, im Wagen über Lenzerheide und den Julierpaß, mit der Bahn über den Albulapaß in das Engadin, die letzte Station unserer Fahrt.

Das Engadin heißt so nach dem Inn, weil dieser in der Landessprache En heißt. Es ist in jeder Hinsicht, auch klimatisch, ein Sonderfall. Doch wir wollen uns nicht mit der Bahn bei Bever und auch nicht via Autostraße bei Silvaplana in dieses Tal hineinschwindeln und unversehens mitten drin sein. Man soll vom Bergell her in das Engadin kommen, denn man erlebt nur so den großen Augenblick, in dem sich die Einzigartigkeit ganz und auf einmal darbietet, selbst dem Genfersee-Erlebnis hinter Puidoux überlegen.

Ich kenne keinen Punkt der Erde, welcher schöner wäre als das Oberengadin vom Malojapaß hinunter nach Silvaplana, und nur einen, relativ nahe von dort, der ihm gleichkommt: den Talschluß bei Sulden im Ortlergebiet. Ich liebe meine heimatlichen Berge, Seen, Flüsse, Wälder und Auen, ich liebe den

Böhmerwald und den Schwarzwald, ich habe den Golf von Neapel zu allen Tages- und Nachtzeiten, die Normandie und Bretagne von allen Seiten bewundert, ich habe Ozeane konsumiert und Meere aller Art durchkreuzt, das Golden Gate bei San Francisco hat sich vor mir aufgetan, und auch die Rivieren sind mir nicht fremd, ich habe vom Pincio auf Rom und von Fiesole auf Florenz geblickt, doch ich gebe sämtliche Meere und Seen und Gebirge und Blicke und unbekannter-, ungeschauterweise auch alle Canyons, Fjorde, Watten, Halligen und Haffe, Pampas, Prärien, Heiden und Savannen, inklusive Südsee, Antillen und Goldenes Horn bereitwillig und lächelnd für das kleine Stückchen Erde von Maloja hinunter nach Silvaplana.

Es gibt viel Schönes auf der Welt und manches Schönste. Doch hier ist für mich das Schönste vom Schönsten. Und um dieses begnadete Stückchen Welt recht zu erleben, soll man vom Bergell her zum Malojapaß hinauf kommen.

Man fährt auf einer Alpenstraße steil aufwärts, wie man auf einen hohen Berg fährt. Man kommt oben an und ist in einem Tal. Man steigt auf die Höhe von achtzehnhundert Metern und ist, dort angelangt, unten, ›auf der Erde‹, auf dem Grund eines Tals, das hier seinen Abschluß hat, der kein Abschluß ist. Kein anderes Tal hat ein so offenes Ende wie dieses. Es bleibt breit und weit bis hierher, bis Maloja, seitlich von Gebirgszügen begleitet, doch nicht ins Enge mündend, nicht abgesperrt, sondern einfach aufhörend, so sacht und weit und hell, wie es langsam angestiegen ist, in der Ferne von einem Gipfelkranz, einer gigantischen Zierleiste gerahmt. Das Tal ist bis hierher gar nicht eigentlich ›gestiegen‹, in diesem Stück zwischen Silvaplana und Maloja, es steigt nicht, es geht, es schlendert allmählich aufwärts, man gelangt gar nicht von unten hinauf, denn man war schon immer oben. Wie sanft ist hier das Schroffe! Alle Herrlichkeit der Höhe ist hier mit aller Herrlichkeit eines Tals verschwistert.

Und um das Übermaß noch zu steigern, sind große, dunkle Seen in das Tal eingebettet: der Silsersee, der Silvaplanersee, der See von Champfèr.

Wenn man von Maloja kommt und den ersten See betrachtet, wendet man dem großen Kasten-Hotel den Rücken zu, und das empfiehlt sich. Am jenseitigen Ende des großen Silsersees liegt die Halbinsel Chasté, wo Nietzsche sein Lied »O Mensch! Gib acht« geschrieben hat. Bei Sils öffnet sich das Fextal, das Karl Kraus besungen hat (»Als deine Sonne meinen Schnee beschien . . .«). Auch in Sils-Maria steht ein Kasten, doch vielleicht muß das so sein, um der Vollkommenheit das Existenzminimum des Irdischen zu sichern. Sonst, die Kastenschande abgerechnet, ist hier überall das Zivilisatorische gebändigt, in seine Schranken gewiesen. Hier sind noch echte Dörfer.

Was hier beglückend fehlt, holt weiter unten, hinter Silvaplana, St. Moritz nach. St.-Moritz-Dorf ist kein Dorf, aber in St.-Moritz-Bad kann man wenigstens tatsächlich baden, und zwar schon seit vielen tausend Jahren.

Wieder etwas weiter unterhalb öffnet sich das Tal von Pontresina mit Bahn und Straße zum Berninapaß. Fürwahr, das ist ein außerordentliches Tal, und wo immer sonst es wäre, wäre es die große Attraktion. Viele prominente Berge sind sichtbar und greifbar und besteigbar und befahrbar, Gletscher bieten sich an, ein Piz drängt sich an den andern, und sie haben gar exotische Namen: Munt della Bes-cha, Morteratsch, Languard, Muottas Muragl . . . doch gleich um die Ecke liegt das Engadin mit seiner königlich offenen Weite, und so hat es Pontresina, all seinen Reizen zum Trotz, eben recht schwer mit mir.

Der Inn hat noch viel vor sich, solange sein Tal Engadin heißt. Der Inn kommt nach Samedan, nach Zuoz. Aus dem Oberengadin wird das Unterengadin. Er kommt nach Zernez, nach Schuls-Tarasp, dann verläßt er die Schweiz durch die Hintertüre und begibt sich nach Tirol, zu seinem großen Knie bei Landeck.

Von Brail an, zwischen Zuoz und Zernez, ist das Engadin allmählich nicht mehr ganz das, was es bis hierher war, und ist nur noch besonders schön.

Und hier, nahe von Zuoz, liegt auch der Piz Kesch, gar nicht übertrieben hoch, nicht über dem Durchschnitt anderer Pize des Gebiets: 3417 Meter. Der Piz Kesch ist nicht schwierig zu ersteigen, ist wohlbekannt, aber durchaus kein Star unter den Schweizer Bergen und Pizen. Doch seine Lage ist kostbar, drum wollen wir uns ihm nun nähern. Denn einer meiner Schweizer Freunde – um ihn zu ehren, will ich lieber schreiben: einer meiner Schweizerfreunde hat mir ein Geheimnis verraten. Wenn man vom Himmel begünstigt ist, sieht man vom Piz Kesch, der isoliert daliegt und dem kein höherer Berg in der Nähe sich ins Blickfeld stellt, mehr als ein Panorama, eine konventionelle Aussicht. Man ist am Rand der Schweiz, in der Luftlinie nur wenige Kilometer von der italienischen und nicht viel mehr Kilometer von der österreichischen Grenze entfernt, man ist wie am Tor und doch zugleich schon mitten drin und auch darüber, und man kann sagen, daß man hier ›die Schweiz‹ überblickt, bis zum Jura, der sie nordwestlich begrenzt, zum Monte Rosa an ihrer südlichen Grenze – im Zentrum die Gipfel des Berner Oberlands – und weil man die Schweiz sieht, wie sie ist, sieht man die konstituierenden und doch draußen liegenden Gebiete mit dazu, den Schwarzwald, die lombardischen Alpen, die bayerischen und österreichischen Berge. Von einem Punkt aus sich umblickend, ist man ganz bewußt mitten drin in diesem Land, das mittendrin ist. Oberhalb der diversité sieht und fühlt man da die große unité inmitten der größeren diversité, die auch ganz da und von hier aus wundersam in die unité einbezogen ist.

Und drum wollen wir unsere imaginäre Rundreise durch die Schweiz hier auf dem Gipfel des Piz Kesch beenden.

Epilog: Seid einzig, einzig, einzig!

Kaum hat man ein Buch beendet, merkt man, was alles drin fehlt. Jetzt erst, so meint man, weiß man genug über seinen Gegenstand, um dieses Buch richtig zu schreiben. Und man möchte nun von vorn mit der Arbeit beginnen.

Gäbe man dem begreiflichen Impuls nach und schriebe man sein Manuskript neu, würde man, am Ende angelangt, wieder merken, was alles fehlt. Man hätte seine Sache zwar eingehender, gründlicher und wissender gesagt, aber jetzt erst wüßte man besser, noch besser, wie der Gegenstand anzupacken, wie das Buch eigentlich zu schreiben wäre. Und man möchte wieder von vorn mit der Arbeit beginnen.

Gäben alle Autoren ihren begreiflichen, sehr ehrenwerten Impulsen immer wieder nach, würden sie jedes ihrer Bücher solange in Arbeit haben, bis es besser, noch besser, noch eingehender, gründlicher und wissender würde, dann gäbe es keine Bücher auf der Welt und nur je ein Fragment aus dem Nachlaß jedes verewigten Autors. Unter meinen verehrten Kollegen kenne ich einen, der, seit ich ihn kenne, immer gerade endgültig weiß, wie er sein berühmtes großes Buch zu schreiben hat, alles Bisherige verwirft und endgültig neu mit der Arbeit beginnt.

So oder so ist also alles Geschriebene Fragment; und so sei es denn auch diesmal – besser als ein Fragment aus dem Nachlaß ein durchaus und bewußt skizzenhaftes, unvollständiges Ganzes, das hiermit den Autor verläßt, um sich zu den Lesern zu begeben.

Ich weiß: Ich habe viele Kantone vernachlässigt, den Aargau, den Thurgau und Glarus vor allen anderen. Ich hätte auch die Berge beim Genfersee, die Rochers de Naye wiedersehen und Leysin kennenlernen sollen, das Haslital und die romantischen Städtchen des Seelandes Murten und Estavayerle-Lac. Ich hätte die Vatikanstädte der sonderbaren Heiligen nicht totschweigen dürfen: Caux, wo die Oberen Zehntausend moralisch aufrüsten, und Dornach, wo Goethe, indische Weisheit und Homöopathie im asymmetrischen Allerheiligsten der Anthroposophen kultiviert werden ...

Ich hätte die faszinierende und so unbekannte Geschichte der Schweiz eingehender berücksichtigen, ich hätte, wie die Winterthur-Saga, auch die Saga vom Kunstmäzen Bührle darstellen sollen, das große Überwintern des Theaters deutscher Sprache im Schauspielhaus von Zürich und die lokalen und kantonalen Hochleistungen des Cäcilienvereins, Solothurn, des St.-Galler Kammerchors, der Festival Strings, Luzern, des Kammersprechchors Zürich ...

Ich habe die Schweizer Küche vernachlässigt, ihre Rechtschaffenheit und Gediegenheit, ihre lokalen partikularistischen Besonderheiten: Fondue und Raclette im Wallis und ›Welschland‹, das Geschnetzelte, die Kutteln, die Rösti (ein Femininum singularis!) im Alemannischen – und vor allem die Käse, die gewiß einen besonderen Hochgesang verdienten ...

Ich hätte, da selbst Laie, von einem Freund Aufschluß über die Schweizer Weine und Spirituosen zu erbitten gehabt ...

Ich habe den Sport ganz und gar übergangen, insbesondere das beliebte und charakteristische ›Schwingen‹, doch auch Eishockey und Fußball ...

Ich habe im sprachlichen Bereich vieles, allzu vieles übersprungen, vor allem das Universalwort ›chaib‹, das eigentlich ein Aas bezeichnet, aber sowohl Substantiv wie Adjektiv wurde und alles, aber wirklich alles heißen kann – und auch die schweizerische Neigung zum Verkürzen und Verzärteln, die aus Schokolade Schoggi, aus der Lokomotive eine Loki macht, aus der Landesausstellung die Landi und die mit ihren Diminutiven wie Müsli (Maus), Müesli (Mus), Stückli (kleiner Kuchen), Trämli (elektrische Kleinbahn), die sich bis zu den gebräuchlichen Familiennamen erstrecken (Kümmerli, Schnäbeli, Vögeli, Öchsli, Stierli), der Sprache und damit dem Volk den trügerischen Anschein der Zierlichkeit verleiht ...

Und unbedingt wäre auch, à propos Namen, auf die föderalistische Schichtung der Familiennamen (die in der Schweiz ›Geschlechtsnamen‹ heißen) hinzuweisen gewesen. Man weiß, wenn man gewisse Namen hört, eindeutig, woher ihre Träger stammen: Späni aus dem Aargau, Wengi aus Solothurn, Boesch aus dem Toggenburg, Aeschlimann und Schneeberger aus Bern, Iselin, Merian, Stähelin aus Basel, Stüssi aus Glarus, Pfyffer aus Luzern, Odermatt aus Nidwalden, Brodbeck aus Basel-Land, Hürlimann und Spörri aus Zürich, Chappuis aus der Waadt, Borel aus Neuchâtel, Reverdin aus Genf, Favre aus dem Berner Jura . . .

Und ich habe, wiewohl Eisenbahnfetischist und Bahnhofnarr, nicht einmal alle bemerkenswerten Bahnhöfe der Schweiz besungen, habe mir Olten entgehen lassen, den Knotenpunkt par excellence, Rotkreuz und Arth-Goldau, wo nicht die Eisenbahn um der Orte willen, sondern Orte um der Bahn willen da zu sein scheinen . . .

Und die Männerchöre, die Blasmusiken, die Laienspieler, die Vereinsmeierei, Ferdinand Hodler, Arthur Honegger, die Schweizer Hochseeflotte und die nachdenkenswerte Gepflogenheit, überall, nicht nur an öffentlichen Gebäuden und nicht nur an der Grenze, die Schweizer Fahne zu hissen, und die sozusagen totale Abwesenheit der sogenannten Boulevardpresse und die Vorzüge des Schweizer Obligationenrechts und das Zürcher Kunsthaus . . .

. . . ja, das alles, auf Ehr, kann ich, und noch viel mehr, nun nicht mehr nachholen, und ich nehme mir vor, diesem Buch in angemessener Frist (die Schweizer sagen: innert angemessener Frist, das habe ich auch vergessen!) einen zweiten Band nachzusenden, und mache im Geist schon die Disposition dieses zweiten Bands, und beginne auf zahlreichen Zetteln und Notizblocks mit den Vorarbeiten, und bin eigentlich, wenn ich eben noch im Abschied von diesem Buch stecke, schon mitten in dem imaginären nächsten – und ich schaue, von beiden her, nun zusammenfassend auf meinen Gegenstand: die Schweizerische Eidgenossenschaft.

Ich sehe sie da liegen, mitten drin und doch wie außerhalb, ein Beispiel, ein Probefall, eine erfüllte Möglichkeit. Hier ist äußerste Freiheit und extreme Zulänglichkeit. Hier ist, was wir uns wünschen. Und da wir es erfüllt sehen, fragen wir uns in unseren Unzulänglichkeiten, auf unserem ewigen Weg nach idealen Zielen, die wir nie erreichen, wer recht hat und wer gesegnet ist, wir hier oder die Schweizer dort, ob das Ideal als Verwirklichung erstrebenswert ist oder ob das Ideal im Streben nach dem Idealen liegt.

Gewiß muß und soll die Schweiz sein, wie sie ist. Gott erhalte sie sich und uns! Vermutlich aber ist sie nicht allgemein anwendbar. Sie liegt da als großes Gegenbeispiel, das aber wohl einzigartig bleiben wird und soll.

Es ist gut, an die Schweiz zu denken, sie sich vorzustellen dort drüben jenseits unserer lebenslänglichen chaotischen Wachstumskrisen. Es war besonders gut in der europäischen Pubertät zwischen dem vierzehnten und achtzehnten Lebensjahr unseres Jahrhunderts und in den Wechseljahren um das vierzigste Lebensjahr, daß es die Schweiz gegeben hat, als politisches und kulturelles Naturschutzgebiet, als Reservation der Kontinuität. Das bloße Vorhandensein der Schweiz ist unentbehrlich, eine gesunde Provokation und eine Verheißung, eine eiserne Ration für Krisen- und Notzeiten der Geschichtlichkeit unserer Welt.

Wie sie aber ist und was sie tut, das ist und tut die Schweiz nicht für uns, nicht um unsertwillen. Sie kann es auch ohne uns, sogar – wie sich's im zweiten Weltkrieg erwiesen hat – auch ohne Fremdenverkehr. Sie ist in sich geschlossen, sie ist als Ganzes, was jede und jeder Einzelne in der Schweiz ist: inwärts gekehrt – ein einziger, einzigartiger, unwiederholbarer, unnachahmlicher ununterbrochener Stromkreis sehr intensiver Spannungen, die sich gegen einander zur Einheit ergänzen.

Ein Vergleich mit einem äußerlich ähnlich gestalteten nichteuropäischen Organismus drängt sich auf. Die politische Verfassung der Vereinigten Staaten ist der Schweizer Verfassung sehr nahe verwandt: Dezentralisation, Föderalismus, Demokratie. Auch dort wurde die Einheit in der Loslösung von fremden Oberherren erlebt und auf dem Weg des Bruderkrieges neu bekräftigt. Auch dort ist die Hauptstadt nicht die größte Stadt. (New York ist Zürich, Washington ist Bern, Boston ist Basel, San Francisco ist Genf . . . aber damit hört's auf! Los Angeles ist, der weitgehenden Alliteration ungeachtet, nicht Lausanne.)

Man zieht die vielen Parallelen nur, um die Frage nach der Parallelität oder Kongruenz hohnlachend zu verneinen. Nein, die Vereinigten Staaten sind keine amerikanische Schweiz, sie sind nicht einmal eine amerikanische Variation über das Thema Eidgenossenschaft, nicht einmal ein verzerrtes Spiegelbild, eine vergrößernde Parodie Helvetiens.

Die Vereinigten Staaten gelangen von einigermaßen ähnlichen Voraussetzungen zu derart anderen Ergebnissen, daß man nicht einmal die eine Lebensform als das Gegenteil der anderen bezeichnen kann, weil schon das die beiden verglichenen Objekte einander zu sehr annähert. Wer's nicht glaubt, mache seine Erfahrungen mit der amerikanischen Bundespost!

Die Schweizerische Eidgenossenschaft ist kein europäisches Pendant der Vereinigten Staaten von Amerika, sondern das vielsprachige Nein Europas, allem Amerikanischen ins Gesicht geschrien.

Wir befinden uns auf dem Piz Kesch (in Amerika hieße er Mount Cash). Wir übersehen in einem umfassenden imaginären Rundblick die Schweizerische Eidgenossenschaft um uns, so stabil, kontinuierlich, verläßlich, mustergültig, soigniert, so übersichtlich, gediegen, rechtschaffen, behäbig, bedächtig, kernig, patriarchalisch, rustikal, so pünktlich, so zulänglich, so redlich, so tatsächlich und völlig mit sich selbst identisch, so konzentriert, konturiert, so einzigartig, so sauber, reell, gesund und real in ihrem harmonisch ausbalancierten stabil labilen Gleichgewicht, und wir machen ihr unsere Reverenz, indem wir anerkennend sagen: Was hätte aus den Vereinigten Staaten werden können, wenn sie in Europa gelegen wären!

Wien – Fallegg (Zell am See) – Bregenz – Salzburg
Oktober 1960 – August 1961

Verdankungen

Für wertvolle Beihilfe beim Entstehen dieses Buchs habe ich nicht nur dem Verlag zu danken, der mir überdies lediglich den Ablieferungstermin und den Umfang des Manuskripts vorgeschrieben hat, sondern auch meinen Freunden Dr. Carl Adams, Basel; Paul Burkhard, Zell im Tößtal; Horst Budjuhn, Minusio; Lisa und Friedrich Hiller, Pully; Hellmut und Christine Macheck-Branger, Wien; Richard Schweizer, Zürich; Lucia und Dr. Lorenz Stucki, Küsnacht; Carola und Dr. h. c. Alfred Willener-Schmid, Lenzburg; Elisabeth und Dr. Ernst Witschi, Basel – ferner Herrn Prof. Dr. Fritz Marbach in Bern für geduldige Beantwortung ökonomischer und politischer Fragen; Herrn Dr. h. c. Oskar Reinhart und Fräulein Dr. Lisbeth Stähelin in Winterthur für die Erlaubnis der Besichtigung und die erhellende Führung durch die Reinhart-Sammlungen.

Außer den ausdrücklich zitierten Stellen, deren Herkunft im Text ausgewiesen ist, wurden folgende Quellenwerke herangezogen:

1. Verzeichnis der Telephonabonnenten, herausgegeben von der Generaldirektion der PTT, Bern, 5 Bände.
2. Amtliches Kursbuch, herausgegeben von der Generaldirektion der Schweizerischen Bundesbahnen, Bern.
3. Schiller, Friedrich von: Wilhelm Tell. Schauspiel. Universal-Bibliothek Nr. 12, Reclam-Verlag, Stuttgart.

Ich bin 1908 in Wien geboren und zwar mit voller Absicht; einem leidenschaftlichen österreichischen Patrioten und vehementen Kritiker Österreichs bleibt keine andere Wahl als dieser Geburtsort. Ich bin seit annähernd dreißig Jahren in Wien Inhaber einer stadtbekannten Schriftstellerei (Einmannbetrieb), die noch auf der Basis der Siebentagewoche und des Vierundzwanzigstundentags arbeitet und je nach Anfall von Aufträgen beziehungsweise Einfällen Dramatisches, Erzählendes, Essayistisches, Kabarettistisches, Satirisches und Journalistisches herstellt beziehungsweise Texte bearbeitet, übersetzt und herausgibt.

Die Theaterkritik nimmt, wie man sieht, bei der Ausübung des Gewerbes keineswegs, wohl aber, leider, bei ihrer Resonanz die Mitte ein. Drum gelte ich in und um Wien als bösartig, zynisch, zersetzend, demagogisch, provokatorisch. Ich trachte, diesem Ruf gerecht zu werden, indem ich die Leser meiner Bücher bösartig und provokatorisch hereinlege: sie erwarten Keulenschläge und bekommen Liebeserklärungen vorgesetzt, etwa an Österreich (›O du mein Österreich‹), an die Schauspieler (›Masken, Mimen und Mimosen‹), an Schubert, Raimund, Nestroy, Stifter und Strauss (›Flucht vor der Größe‹), an das Theater (›Tausendundeine Premiere‹). Zwischen 1938 und 1945 unterbrach die Weltgeschichte meine Anwesenheit in (wenn auch nicht meine Liebe zu) Österreich. So konnte ich in und um Basel zahlreiche Eindrücke, die Schweizerische Eidgenossenschaft betreffend, sammeln, welche ich durch fünfzehnjährige Lagerung für hinreichend geklärt und ausgegoren hielt, um ausgeschenkt zu werden.

HANS WEIGEL

Apropos Musik

*Unsystematische
und laienhafte Versuche
eines Liebhabers
zur Heranführung an die Tonkunst
in der zweiten Person Einzahl,
mit 18 imaginären Porträts
von Hans Fronius*

224 Seiten, Leinen 14.80

Die 26 Kapitel sind eine gleißende Quelle geistreicher Erkenntnisse: »... Mag sein, daß es die Symphonie schon vor Haydn gegeben hat. Aber erst seit Haydn ist sie da... Nach der Dritten von Beethoven mußte jeder, der eine Symphonie zu schreiben unternahm, eine ganz bestimmte Symphonie schreiben.« Oder: »Wer durfte es wagen, Wagner zu korrigieren? Nicht einmal Wagner!« Ähnliches liest man über Webern, Schönberg, über Cortot und Mahler – über viele. Weigels Sicht ist ungeblendet, unvoreingenommen und unbelastet von müder Konvention, und doch ist das scharfe Auge, in dem sich hier rund zwei Jahrhunderte langes Musikschaffen reflektieren, voller Zuneigung. Dieses Buch wurde mit Verstand und Empfindsamkeit geschrieben. Nicht nur mit Intellekt.   *Stuttgarter Nachrichten*

ARTEMIS VERLAG ZÜRICH/STUTTGART